# 吴慶坻行紀二種

（清）吴慶坻 撰

國家圖書館出版社

**圖書在版編目(CIP)數據**

吴慶坻行紀二種 / (清)吴慶坻撰. --北京: 國家圖書館出版社, 2024.10.
ISBN 978-7-5013-8219-4

Ⅰ. K820. 52

中國國家版本館 CIP 數據核字第 2024JM4126 號

**書　　名**　吴慶坻行紀二種
**著　　者**　(清)吴慶坻　撰
**責任編輯**　靳　諾
**封面設計**　翁　涌

---

**出版發行**　國家圖書館出版社(北京市西城區文津街 7 號　100034)
(原書目文獻出版社　北京圖書館出版社)
010-66114536　63802249　nlcpress@nlc.cn(郵購)
**網　　址**　http://www.nlcpress.com
**印　　裝**　河北三河弘翰印務有限公司
**版次印次**　2024 年 10 月第 1 版　2024 年 10 月第 1 次印刷

---

**開　　本**　787×1092　1/16
**印　　張**　23.5
**書　　號**　ISBN 978-7-5013-8219-4
**定　　價**　298.00 圓

---

# 前言

本書收録清吴慶坻撰《入蜀紀程》和《使滇紀程》二種。

吴慶坻（1848—1924），字子修，又字敬彊，號稼如，晚號蕉廊、補松老人、悔餘生，浙江錢塘人。清光緒十二年（1886）進士，改翰林院庶吉士。後授編修，充會典館幫總。歷任四川學政、湖南提學使、政務處總辦。曾東渡日本考察，於湖南創立優級師範學堂。又曾與馮煦、樊增祥、沈曾植、陳夔龍、梁鼎芬等在上海結超社、逸社，爲文字之會。著有《辛亥殉難記》《使滇紀程》《入蜀紀程》《蕉廊脞録》《補松廬文録》《補松廬詩録》《悔餘生詩》等，輯有《奏稿録要》《吴氏一家詩》等，參與修纂《杭州府志》《浙江通志》。事迹見姚詒慶《清故湖南提學使吴府君墓志銘》，載於《蕉廊脞録》附文。

《入蜀紀程》二册，稿本，浙江圖書館藏。每半葉九行，行約十八字，朱絲欄，白口，單魚尾，四周雙邊。『秀文齋』專用稿紙。封面原題『使蜀紀程』，後改爲『入蜀紀程』。是書前有子修友人題

《奉題〈使蜀紀程〉大著即塵子修尊兄星使教正》詩三首，此仍稱『使蜀紀程』。此書首爲子修之子吴士鑑題識曰：『此爲先君督學四川征輶所作。光緒二十三年九月十七日，由京啓程，歷冀、晋、秦諸省，於十一月二十二日抵成都，閲兩月又七日。所經各地，凡關於山川形勢、古迹名勝、文物掌故，與夫民情吏治、礦産農事等等，悉詳記録，足爲後人考據之助，非尋常游記比也。稿經先君删訂就，惜未能刊行，爲憾事耳。』子修入蜀，光緒二十三年（1897）九月十七日自京城出發，於盧溝橋與子士鑑告别，其後途經直隸涿州、定興縣、安肅縣、保定府、定州、正定府、獲鹿縣、井陘縣。九月二十六日，由故關入山西，其後經山西平定州、壽陽縣、榆次縣、祁縣、平遥縣、介休縣、靈石縣、霍州、趙城縣、洪洞縣、平陽府、襄陵縣、太平縣、聞喜縣、安邑縣、猗氏縣、臨晋縣、蒲州府。十月十五日，由潼關入陝西，其後經陝西華陰縣、渭南縣、臨潼縣、西安府、咸陽縣、興平縣、武功縣、扶風縣、岐山縣、鳳翔府、寶雞縣、鳳縣、留壩廳、褒城縣、沔縣、寧羌州。十一月十一日，由七盤關入四川，經四川廣元縣、昭化縣、劍州、梓潼縣、綿州、羅江縣、德陽縣、漢州縣、新都縣，十一月二十二日抵達成都。

此本作爲稿本，有不少修改痕迹。如十月十六日，過潼關西漢太尉楊震墓和華山，原爲：『今饗堂僅存，亦蕪穢不治，此守土者不經意耳。馬首南向，在目華山。憶余自十齡入秦，始見華；十三再入秦，再見華；十六由洛出潼關，三見華；今其四矣。謁嶽祠。祠於同治初回匪之亂，左文襄既平回，乃始重建。』後修改，删『亦蕪穢』之『亦』和『此守土者不經意耳』，改『在目華山』爲『華山在目』，『洛』前補『商』字，改『謁嶽祠』爲『行三十五里，至華嶽廟』，改『祠』爲『廟』，删

『既平回』之『既』字，删『乃始重建』之『乃始』二字。九月二十七日之前，删去的内容皆塗黑；此日之後，删去的内容多是劃去，原字可見。

子修所經各地，記載内容如士鑄題識所言，其記各地當時知縣（或知府、知州）、山川、古迹、歷史事件等。如十月初四日，至義堂鎮，引《宋史·地理志》記冷泉關，再引《水經注》記汾水，再記魯班橋，再依次記北周守雀鼠谷、李世民破劉武周於雀鼠谷等史事，再記雀鼠谷之險要，非尋常日記可比，頗有資於後人考據沿途歷史地理及當時政治社會之助。

《使滇紀程》二册，稿本，浙江圖書館藏。每半葉九行，行約十九字，朱絲欄，白口，單魚尾，四周雙邊。『松雲閣』專用稿紙。天頭間有增補。此書封面題『使滇紀程』。首有吴士鑄題識曰：『此册與《入蜀紀程》同爲先君子删訂，珍藏至今，迄未能付印。暇日當與《入蜀紀程》合訂，俾得同傳毋失也。』清光緒二十九年（1903），舉行萬壽恩科，子修任云南副考官，与正考官张星吉同使云南。五月十三日，自京啓程，經直隸保定府、正定府、欒城縣、趙州、柏鄉縣、内丘縣、順德府、沙河縣、永年縣、邯鄲縣、磁州。五月十九日，渡漳河，至河南境，經彰德府、湯陰縣、淇縣、衛輝府、新鄉縣、獲嘉縣、滎澤縣、鄭州、新鄭縣、長葛縣、襄城縣、葉縣、裕州、南陽府、新野縣。六月初六，入湖北境，經襄陽府、宜城縣、鍾祥縣、荆門州、荆州府、公安縣。六月十七日，入湖南境，經澧州、常德府、桃源縣、辰州府、辰溪縣、沅州府、晃州廳。七月初三，入貴州境，經玉屏縣、清溪縣、鎮遠府、施秉縣、黄平州、平越州、貴定縣、龍里縣、貴陽府、清鎮縣、安平縣、安順府、鎮寧州、永寧州、安南縣、普安縣、普安廳。七月二十四日，入雲南境，經平彝縣、沾益州、曲靖府、馬龍州、嵩明州。八月初二抵昆明，歷兩月二十日。《使滇紀程》體例與《入蜀紀程》大抵相同，主要記山川形勢、名勝古迹、人物史事等。

此本爲稿本，有不少修改内容。使滇途中，子修所作詩作皆録入此《紀程》中，詩凡二十一首。五月十六日，子修與樊增祥相遇於河北順德府，互爲唱和。此書文中附録有樊氏詩二首，詩文也有修改，第一首塗黑一字，改爲『貴』；第二首塗黑二字，分别改爲『如』字、『莫』字，另補所脱『龍』字。此修改增祥詩中文字，不知是抄寫有誤而改，還是後據增祥修改而改。樊氏第二首詩原有注文，字大小同於正文，稿本於天頭間書『「世傳」至「五色」改作小字注』，又書『「神龍」至「閣體」改作小字注』。是本天頭間有不少文字，提示修改格式。

子修使滇，自京城至正定府乘汽車，自荆州府至常德府又曾走水路。光緒二十七年，匈牙利人李恩思將汽車帶入上海，一般認爲此乃汽車傳入中國最早歷史。而子修此書首葉記載：『光緒二十有九年癸卯舉行萬壽恩科。……先二年，雲貴兩省考官由行在簡放電傳京師，貴州正考官吕佩芬、副考官華學瀾皆留京未隨扈。五月，由京乘坐汽車至保定府，再行馳驛。次年壬寅，順天鄉試考官等由京師赴河南省城，亦坐汽車。今年會試，總裁同考官亦如之。』此所記，對研究汽車傳入中國歷史很有價值。稿本初作時將『汽車』皆書爲『火車』，後又都改爲『汽車』，可見當時人對『汽車』『火車』區别有一認識過程。（魏俊傑）

# 目録

# 入蜀紀程一卷

# 使入蜀紀程

上

此為先君督学四川徂輶所作光緒二十三年九月十七日由京啓程歷冀晉秦諸省於十月二十二日抵成都閱兩月又七日所經各地凡關於山川形勢古蹟名勝文物掌故與夫民情吏治礦產農事等等悉詳記錄足為後人攷據之助非尋常游記比也稿經先君刪訂就楷未能刊行為憾事耳 士鑑謹識

一卷京軺記西行使者蹤山川歷秦晉雲物
寫秋冬遠道衣塵厚新篇墨雨濃采風車
過處利病盡羅胸
浩浩澄清意班班考訂才水經千派別地志
萬圖開憑弔隨陵谷摩挲到蘚苔解鞍山
館夜剪燭一牋裁

古驛五千里前塵四十秋誦芬惇 先德持節

壯斯遊昔我經雲棧題詩遍客悲今朝把

君卷飛夢到庚郵

奉題使蜀紀程大箸印塵

子脩尊兄星使教正

巘舲弟学濟

光緒二十三年丁酉九月十七日癸卯午刻自
京廣啓程大兄嫂侵晨來家壯孫虎臣來沈瓚
亭來偕送午刻別兄嫂及諸君[redacted]出彰儀門過
盧溝橋望見鐵路工程未畢蓋將自盧溝橋接
築至保定府也至長新店午食晚抵良鄉縣周節
驛縣令王汝廉[redacted]遣人來[redacted]時[redacted]幕[redacted]友同行此五人[redacted]
表姪金和甫[redacted]衡齋姪皆先後至[redacted]
風日暄麗眺西山青翠欲滴岡巒綿亙蒼

靄濃厚如北苑畫本也鑑[redacted]送至盧溝橋趣令回城三十年未嘗離其母側今遠別頗難爲情内子尤悒悒余兩慰之

十八日甲辰辰刻行午食於竇店飯罷行經挾河鋪挾河在涿州西北二十里自房山縣流入[redacted]與胡良河合入[redacted]琉璃河一名挾活河[redacted]自山西大同府得勝堡外[redacted]来入直隸界至老班溝一入涿水一入涿州沙水俱活[redacted]東西不定故謂之挾活水又謂之聖水也日下舂過香河

鋪[redacted]小憩[redacted]徘徊村落間望大房山
想見西峪寺幽勝甲午歲曾有往遊之志迄今
蹉跎不獲一探經石椎拓縱觀渡琉璃河大橋
入涿州城署知州滎心莊恒來見[redacted]成都駐防庚
午舉人[redacted]
[redacted]王仲華周挹泉兩孝廉來[redacted]固請至鳴
澤書院以舊時肄業諸生具酒食相待力辭不
獲乃非前幕府去曩日与諸生從容談藝地也
得乃於答謁心莊後至院[redacted]

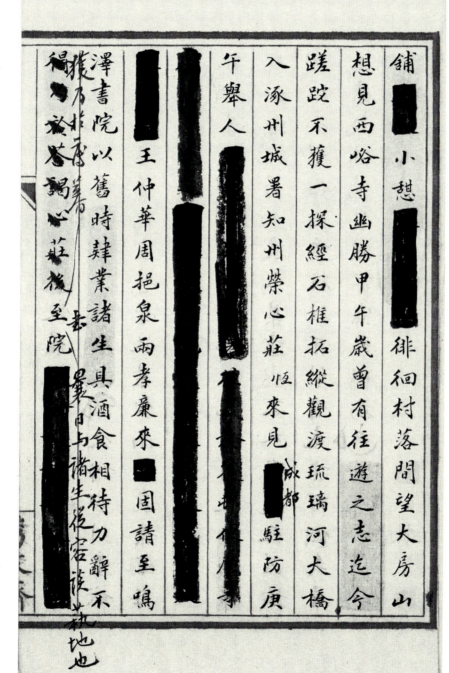

[redacted]飯羅歸解元善初字保來榮
心莊託帶家書[redacted]談次謂四川童試
以縣府案首為重昔學政某公尚剡覈案首每
被黜有耻辱自盡者巴東某姓兩世節婦守一
孤兒以案首不見錄於學院自沈于嘉陵江兩節
婦相繼死蜀人哀之某童以不入學遽死器識
囿隘而習俗所重往往不能自克亦可憫矣居
上者執偏見自用亦宜引以為戒[redacted]

十九日乙巳初刻行二十五里[redacted]松林店[redacted]三十里午食於高碑店地屬新城縣[redacted]飯罷行風日清美行茂林叢竹間望山色漸遠數峯青峭雜以雲氣蜿蜒西走直接太行矣自茲以西一亭一堠皆昔所經行四十年陳迹[redacted]惘惘如夢三十五里[redacted]入定興縣城[redacted]驅車過之想見鹿忠節公一家風烈遠今族人猶多[redacted]讀書尚義者過芝軒丈第宅樸素不似貴人家有懷喬笙同年時已之官大梁矣薄暮渡白河地

志所謂中易水也又名雹河俗訛作北河渡口
船三皆窳敝一舟載三車或四之三渡而畢入
白河店宿地屬定興縣縣令石立坊號雲銘奉天鐵嶺人
遣僕來[redacted]
二十日丙午辰初刻行三十里[redacted]固城驛[redacted]十
里[redacted]田村道旁一碑[redacted]大書燕田光故里[redacted]
乾隆四十年安肅知縣張鈍題渡石梁白湧泉
橋有萬歷十五年碑碑云橋又[redacted]名萍泉一水清
淺可揭二十里[redacted]安肅縣署縣令周塏修號著莪四川縣

州人乙亥舉人[redacted]來謁年六十矣在直隸十年纔[redacted]攝縣事[redacted]自言爲校官十年[redacted]也飯罷[redacted]行晡時抵保定府清苑縣北關外方嘯霞夏少蓮二居[redacted]俟於行館相見甚喜方伯員梧岡鳳林署廉訪方勉甫文恭釗署清河道晏誠卿振恪保定太守沈子惇家本清苑縣勞玉初乃宣城守尉奎恒協臺陳飛熊保定營參將余子才前營李培榮右營陳熾昌後營王連桂皆差人持名帖來

[redacted]勉甫丈來談刻許天已暮遂別去[redacted]夜剪燭作鑑兒書并寄仲芝治亭各書[redacted]爲直隸省治重山西峙羣川東滙聯絡宣大翊衛京師自唐宋迄明恒以此爲重鎮昔稱三輔之長城兩邊之内險國朝[redacted]駐保定布政設按察[redacted]自咸同以來海疆多事互市數十國輪船萃於[redacted]朝廷以

保定

康熙八年移巡撫

雍正二年始置總督

津沽

直隸總督兼北洋大臣交涉事繁往往以半年駐保定半年駐天津其後偏重津事合肥或終年不還節署沿以爲常當合肥在津時洋務海軍皆專任之地方吏治但拱手受成河工水利緝捕事宜日久廢弛謂宜直隸省設巡撫一員專駐省治凡課農桑興水利捕盜賊皆責之而直隸總督兼北洋大臣專駐天津一意講求水師武備各學堂事宜庶幾責任既專而事無叢脞否則因仍不改畿輔重地郡縣曠土無人督

以樹藝之方民[redacted]生窮困一病也水利不修每遇
霪霖五大河無不為患庚寅癸巳甲午之奇災
[redacted]民不聊生重勞[redacted]賑撫二病也總督遠在
津沽布按二司果賢尚可相助為理設遇昏庸
罷輭之司道一切廢弛吏治將不可問三病也
聞甲午乙未間嘗有建議[redacted]及此者[redacted]
[redacted]入清
苑境有慈航寺[redacted]門外
有桐城方恪敏所為碑記乾隆三十三年立昔

碑記作名蔭芝官永年知縣似誤

於此[redacted]寺設留養局寺僧元通題曰慈航寺左
為[redacted]恪敏[redacted]祠嚴先生[redacted]父子先後官直隸
右為少傅周大司空祠祀故直隸總督周[redacted]元
理有梁肯堂所撰聯二公皆[redacted]里[redacted]先達[redacted]周
公字燮堂治河有聲績後名為工部尚書公之
[redacted]芝官[redacted]咸豐[redacted]殉粵匪之難[redacted]
[redacted]蒯氏妾郭氏[redacted]殉節敕建專祠[redacted]比
地故有公祠比歲乃以[redacted]附祀焉
二十一日丁未辰初刻行始見徵霜[redacted]廿里[redacted]

祀恪敏及蕃　皆有惠政　寺　公　公　同　曾孫憲曾字應　庚午舉人　府同知　妻　同　憲曾　十五里抵撒店　大撒店

十里郭村滿城西境相傳爲郭隗故里十里

陘陽驛俗陘誤舊爲陘陽堡[redacted]滿城縣[redacted]志云西南有方順堡北有北鋪店堡明嘉靖中北寇內犯增築城堡又置墩臺十二以便守望[redacted]過靳文襄公道神碑下[redacted]五十里飯于方順橋憶同治甲子夏[redacted]侍先君子入都陸耦廬師及二兄子可夏表兄薪卿同行[redacted]宿方順橋余與薪卿並題詩逆旅壁間九月報罷歸過此又名題一詩少年塗抹良可齒冷丁卯應京兆試[redacted]復來往于此今忽忽三十四年矣[redacted]去

縣治五十里有方順河其上源[redacted]祁水
[redacted]東流入縣境曰方順河亦曰順水又東入清苑
縣為石橋河水經注光武追銅馬五幡於北平
破之於順水乘勝追北為其所敗短兵接光武
自投崖下遇突騎王豐下馬援之始僅免退保
范陽即此水也署滿城知縣黃書田字硯夫差
人[redacted]來黃閣人咸豐辛酉舉人年六十七
矣飯罷行[redacted]十里抵望都縣東關宿舊為慶都乾隆間改望都仍漢唐舊名也知縣馬覲臣字秋賓己丑進士河南

懷慶[redacted]人天氣暄暖深秋如初春經過村落菜
畦濃綠可愛沿河多葦花彌望如雪略似吾鄉
西溪道中[redacted]過村林木蓊翳高榆大柳都成行（旁批：所　落）
列樹藝之利（旁批：王政所先）[redacted]倘吏得良有司董
勸之使無曠土為利益溥見民家田器多窳敝
如以西人農學會制器之法勸民仿行之用力
少而成功多矣
二十二日戊申卯正[redacted]行三十里[redacted]清風店（旁批：定州境）
（旁批：[illegible]）
[redacted]十里[redacted]定州午食署知[redacted]州徐銘勳號子

恕陝西咸[redacted]人[redacted]丁丑進士
麻常前輩也差人[redacted]來士鑑之門生王延
綸來之號合新選長垣教諭[redacted]改捐主事[redacted]入
都[redacted]作鑑兒書託帶并買馬應龍眼藥寄与大
嫂[redacted]合之家素封[redacted]其尊人[redacted]好藏書輯唐宋
元明及　國朝人撰箸為畿輔叢書已刊印者
四百八十種蓋留心文獻有功前喆者余索其
會昌一品集以適無印本[redacted]元名臣事略
溥南遺老集恕谷後集靜修文集四種又[redacted]

[redacted]

其家[redacted]逆旅[redacted]往荅[redacted]飯罷行道旁豐碑一上書古中山國四[redacted]咸豐十年知縣事王榕書題王字蔭棠山東進士以循良累擢至山西布政使[redacted]內召為順天府[redacted]尹其官定州勸民于大道兩旁種樹數十里以蔭暍者余三十年前過此即聞州人嘖嘖稱王知州今夾槐柳大皆合抱濃蔭數畝駐車過之[redacted]風景不殊[redacted]前塵若夢[redacted]

[redacted]明月店[redacted]抵新樂縣宿署知縣汝作枚號次臯陝西富平人己丑舉人壬辰進士[redacted]同年也縣古鮮虞國地[redacted]

二十三日己酉辰初刻行[redacted]十五里[redacted]飯於伏城驛地屬正定縣縣令楊文鼎字俊卿雲南蒙自人己卯舉人遣人[redacted]來飯罷行[redacted]十[redacted]里[redacted]正定府入北門樓櫓壯麗雄郡也[redacted]在戰國時為東垣邑漢[redacted]縣[redacted]置真定國[redacted]後漢屬常山國晉為常山郡[redacted]後魏因之後周恆州亦治焉

隋大業中為恒山郡唐初仍為恒州天寶初亦
曰恒山郡元和十五年避穆宗諱改鎮州五代
時或為真定府或曰恒州[redacted]或曰鎮州
宋金皆為真定府元改為路明復為府國朝
因之改真為正[redacted]府居京師左腋西馳晉壘南
國初直隸山振驛此雍正元年
下汴水自唐宋以來咸為重鎮明季晉豫寇起
草茅言事者欲于[redacted]真定設重兵以扼賊衝未為城內
無識今則中原肅清所患又在海不在陸矣[redacted]
有興隆寺俗稱大佛寺隋[redacted]龍藏寺也[redacted]先大父嘉

慶己卯典貴州試過此有正定龍興寺佛像歌
[redacted]像高七十三尺范銅為之舊傳寺有[redacted]銅佛
周世宗時毀以鑄錢宋乾德初改寺名龍興建
大悲閣復鑄銅像今閣之最上層已傾圮妙相
莊嚴幾同露處飛甍畫桷陊剝略盡[redacted]
[redacted]寺有
聖祖御製碑文一御書扁聯凡十有九高
宗西巡回鑾駐蹕先後頒賜御書扁聯凡十
有一隋龍藏寺碑完好下半碑有剝蝕處寺僧

云三十年前椎拓者少近年氈蠟頻施碑字[redacted]

稍損惟碑陰碑側獨完美耳[redacted]

[redacted]

[redacted]文室小坐啜茗而歸望天寧

寺塔欲往登眺[redacted]積水[redacted]不果往正定[redacted]知

府吳煥彩字蘭石嶽州人同治庚午舉人人来

二十[redacted]四日庚戌辰初刻行十里渡滹[redacted]沱河望見

群山緜亙縣志縣西有抱犢西屏海螺諸山[redacted]

[redacted]皆太行[redacted]支峰也[redacted]里[redacted]獲鹿縣宿縣

重 柳林鋪二十五里 …… 金鋪十五里海山店 五

令姚爲霖字錫九安徽桐城縣人遣人[redacted]來
二十五日辛亥黎明起以將入山爲幕友數人
覓傕山兜[redacted]至辰刻始行五里[redacted]土門口
（十里下安村八里上安村八里白石嶺十里）
[redacted]即土門關也[redacted]微水鋪[redacted]（井陘）縣東北二
十五里有微水流入甘淘河一名治河源出山
西平定州[redacted]縣山即古澤發水流經縣境合[redacted]
綿蔓水又東北流入平山縣界合于滹沱河東
馬沿水濱行上流山澗交注深處可數尺凡雨
渡舟皆朽敝可笑水石相激瀠溪作聲馬行犖

确登頓[redacted]苦俗所稱東天門也山如垣墉人行狹中或峯回路轉呀然中開坡陀高下悉爲蔬畦間蒔雜樹夕景[redacted]蓊藹山氓生計至苦聞久暘不雨麥不能下種惟恃種雜粮耳過井陘縣縣城北枕崇[redacted]岡南臨巨溪谿水深廣蓋即古綿蔓水一名阜漿水又曰回星水淮陰侯出背水陣於此上有石梁已圮其半[redacted]板橋宿地屬井陘[redacted]知縣言應千家駒遣人供張于此言常熟人[redacted]

[redacted]

二十六日壬子辰初刻行十里[redacted]龍窩寺[redacted]

且過舊關[redacted]括地

記并州故關在并州石艾縣經山東十八里即

井陘口是也唐長慶初裴度出故關討王庭湊

元末爲故關山砦自明以來屢加修築爲防戍

要地下輿眺覽欲登戍樓而磴道傾隤拾級不

得上王漁洋蜀道驛程記云登樓小憩觀諸山

五里桃園鎮入　五里[redacted]　[redacted]西后　鼎[redacted]　五里登　此天门　山嶺即

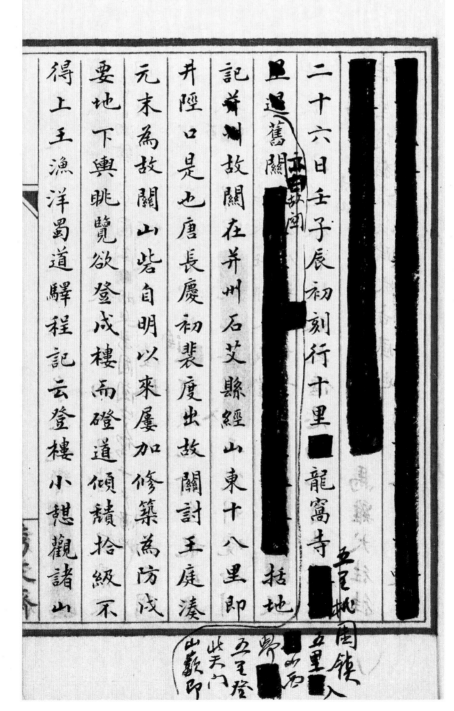

出雲濃綠翁欝飛瀑淙潺爭流競響[redacted]
同矣慶分水嶺又名八疊坡土人呼為西天門
[redacted]今秋久不雨山泉皆涸風景不
十里甘淘驛三里固関[redacted]明史新固関守禦千戶所地
亦曰門限嶺嶺東即甘淘[redacted]河源也踰金龍山申
刻抵甘[redacted]井驛宿[redacted]入平定州境知州
李義銘字藴辰任邱人咸豐乙卯舉人年七十一[redacted]設
供張于此逆旅湫隘取足偃息而已自井陘以
西人家多穴山[redacted]而居攢列如蜂房牛馬雞犬往往
在屋頂猶陶復陶穴古風也
二十七日癸丑辰正刻行三里[redacted]入青玉峡峭

辟巉青步步束揆白日匿景頑雲欲積中有石
潭冬夏不涸石壁翠蛟潭三字明提學陳棐題
山腰平處累石爲屋者凡七一屋可容十許人
上刊避險藏身四字崖間大書深刻告行旅避
山水作八分書知州張彬記也蓋盛夏霖潦山
水暴至行人往往被厄光緒辛巳歲山西布政
使紹諴捐俸令知州張彬開修避水歧路七道
創此石屋用便行旅在昔西狭有頌石門有銘
是宜譔記刻石傳之無窮此邦人士當有起而

任之者午刻入平定州城緬懷石洲張先生遺
風爲詩第之州志人物藝文均載張穆箸述有
靖陽亭劄記此書未見知州李君復以名帖來
蘇子銘成柑餽餺飥二罌肴二器受之即以鑑
兒寄子銘書及順天闈墨屬其僕攜歸少頃子
銘來談良久借得州志閱之光緒壬午知州越
人張彬修蓋踵康乾隆庚戌知州金明源所修
而賡續之也作新甫兄書爲子銘之謀錢路礦
務事聞有桐城方某來晋將集股興辦自獲鹿

至太原鐵路工程而潞安府郡錢北亦將議開
工也又作鑑兒書及楊叔嶠楊雪漁陳藍洲立信
又濮止潛函書託其鈔吳杉香奏寄與新甫託為轉
寄京師
二十八日甲寅辰正刻行五里度黑煞嶺亦作黑沙嶺俗稱
南天門者也廿五里過義井鎮驛行谿澗中濁流
潺潺亂石齒齒或揭或厲俗有七十二渡之說
久情溪流不王僅四五涉耳未刻抵測石驛宿
地屬盂縣縣在春秋時為仇猶國後并於晉趙

重平陽鎮十里魚村十五新興鎮十五

獻子使盂丙為盂大夫韓非子曰智伯欲伐仇猶道不通行因鑄大鐘遺之仇猶大悅除道而納之國遂亡今縣治在東北有仇猶故城測西字無可考知縣項則齡字子林安徽寧國府太平縣人遣人持名帖來撫標練軍防營哨官滕永發哨長白ムム來求見謝之沈恆農晉蕃解草職東邊道宜麟至太原歸途亦宿此意外相逢坐語良久恆農為念農先生子以縣丞需次天津年五十二貧困一官可歎也宜麟以甲午冬失守城池遣戍

新疆遷延至今始道就可謂久於羈矣
二十九日乙卯辰初刻行二十里經張淨鎮十
里至芹泉驛芹泉出芹泉山源有二出南山鴰
兒谷曰南芹出北山太平谷曰北芹二水合流
東入平定州界亦曰芹泉山行路漸坦夸境復
幽邃危石水凝紫奔湍激素髮鬅靈鷲峯下坐壑
雷亭子聽鳴泉聲也二十里午食于壽陽縣知
縣許文森遣人持石帖來山城雖小氣象頗雄
緬懷祁文端文恪兩世清望欲詣文恪師墓道

如　入壽陽縣境

瞻拜以道路紆遠不得往作一詩以寄懷慕之
思飯罷出南門豁然開朗平原如砥山饒林木
梯田上下盡蒔雜粮民力勤動勝他邑矣過黄
門清平二鎮一水繞山麓蓋壽水也水在縣南
二里二流並導合流至縣西南合于黑水黑水
出縣西黑水村西山逕縣南五十里入洞渦水
又有童子河出縣北一名曾河逕縣西南合壽
水大諸山並有泉源春夏泛溢可成巨川秋
浸既縮迴汀枉渚若斷若續一日凡十數涉戎

支略約或亂流而渡渡既畢後登土山下山即大安驛日已暮投裝行館許君復具供張于此許字竹卿貴築人與鑑兒同榜進士聞其母夫人苦節撫孤賢而才竹卿權壽陽一年已進贊矣

三十日丙辰辰初刻行驛前有韓文公詩亭壁間嵌公使成德時詩石刻乾隆戊戌知壽陽縣事南山自壽陽縣移至此有碑記其事云刻故在太安驛不知何時遷壽陽王漁洋蜀道驛程

記固云在壽陽使院中也亭中詩刻都無足觀惟陶文毅公七古一章頗雄健道光戊子典試蜀中時所題也亭後屋三楹中祀公下輿瞻拜徘徊久之按長慶元年七月王庭湊殺田弘正自稱留後李愬以寶劍玉帶遺深州刺史牛元翼令翦廷湊廷湊引幽兵圍深州二年二月以廷湊為成德節度使以兵部侍郎韓愈為宣慰使三月至鎮庭湊曰所以紛紛者乃此曹所為非庭湊心愈厲聲曰天子以尚書有將帥才故

賜之節鉞不知尚書乃不能與健兒語耶甲士（旁注：以；豈意同賊反語耶未終）
前曰先太師為國擊走朱滔血衣猶在此軍何
負朝廷乃以為賊乎愈曰汝曹尚能記先太師
則善矣（旁注：夫）逆順之為禍福豈遠耶自祿山思明以
後至元濟師道其子孫有今尚在仕宦者乎田
令公以魏博歸朝廷子孫雖在孩提皆為美官
王承元以北軍歸朝廷弱冠為節度使劉悟李
祐今皆為節度使汝曹亦聞之乎庭湊恐衆心
動麾之使出謂愈曰侍郎來欲使庭湊何為愈

曰神策六軍之將如牛元翼者不少但朝廷顧
大體不可棄之耳尚書何為圍之不置庭湊曰
即當出之因與愈宴禮而歸之未幾牛元翼將
十騎突出圍當是時庭湊驕蹇朝廷震動公為
當事所嫉既奉詔宣撫眾皆危之元稹言韓愈
可惜穆宗亦悔而公慷慨執言定亂於俄頃儒
者氣象感人固如此然龍戰之際其不為顏真
卿幾希矣父老言前行二十里午食于什貼鎮
又二十五里宿王胡鎮地皆屬榆次縣志夏慎

大宇眉生安徽休寧人乙酉拔貢遣人設供張于此和甫來談燈下作袁爽秋吳佩蔥鄭冠三書將寄京師

十月初一日丁巳辰正刻行出村外望見榆次縣城縣在春秋時為晉之涂水邑漢置榆次縣屬太原郡後漢及晉因之隋唐及宋分併不一明復為榆次縣今縣治西北有榆次故城杜君卿以為晉魏榆地左傳昭八年石言於晉魏榆服虔曰魏晉地榆州里名後謂之榆次史記秦莊襄二年使蒙驁攻趙拔榆次取三十七城還

定太原是也晉地多瘠壤而榆次太谷諸縣號為沃饒所過村鎮闤闠整潔居人高閎厚垣多擅懋遷之利自戊寅己卯大祲元氣頓耗比歲議振興商務而晉人狃于舊俗無肯糾巨貲挾行之者非常之原黎民懼焉是在長吏作率之矣午至永康鎮啜茗小憩即行抵徐溝縣宿縣本清源縣之徐溝鎮金大定二十九年析平晉榆次清源三縣地置今縣國朝乾隆間改清源為鄉屬徐溝縣而於清源仍設學官一人別

東郭村十里南谷村十里張慶鋪十里十南里男牌十五里

為學額馬署知縣密昌墀出郭來迓尋至行館謁見密字丹階湖北漢陽人己卯舉人與鑑兒同榜進士去年八月來權是邑言比以裁兵故縣城幾無一卒省城有馬隊一營撫軍以汰去可惜乃分撥各州縣令州縣籌款發餉然名雖存留寔即裁汰勢渙力弱無統帥以鈐束之無操防以訓練之脫有事徵調與名募何以異耶又言此邑絃誦闃寂縣試往往不足額民俗重商不重士禮義之風邈矣無聞荒陋積習孰為

開通而盪滌之耶談久别去余以過客不便入
署乃遣僕特名東往答謁焉燈下作家書并金
子久舅姚壯之丈王砥齋袁光錢叔楚書
初二日戊午卯正起辰初刻行十里高花村十里經堯城
鋪道旁一碣大書晉温嶠故里其上題勅謚忠
武四字十里經洞渦驛按洞渦水自壽陽縣西
南流入榆次縣境合涂水又西五里合源渦水又
西逕徐溝清源太原縣界經汾河驛蓋以水得
名然并汾水道太半汾壅陵谷遷變匪朝伊夕

絶潢斷港所在恆有令長溺職不講求水利農民拙惰疏濬失宜今所過晉中郡縣往往車馬從橋下過今之孔道昔為河身或有為民曲壙萬千頃徐溝南門外大橋一石工堅好橋下轍迹其明證也過賈令鋪陽邑豐澤二村午食于祁縣知縣范紹曾遣人供張于此縣為春秋晉大夫祁奚邑有祁大夫墓焉城墉頗峻整上題昭餘勝境水經注侯甲水又西北流逕祁縣故城南自縣連延西接鄔澤是為祁藪即爾疋所

謂昭餘祁矣秋氣漸深衰柳悽碧時見黃落打頭如雨[redacted]矣行數里獮飈揚塵只尺不辨路雨炊許風始定[redacted]十里經洪[redacted]、善[redacted]二十里[redacted]平遥縣洪善驛宿防營都司胡永勝率馬隊來迓且言明日送至馬蘭鎮余堅謝之知縣強君調篆未回張蘭鎮同知朱琨字筱舟大興人代理是邑燈下作庶母五弟兩書與昨所作各函[redacted]分遞行館壁間有詩刻二一題為至平遥有感詩云西北驕胡勢頗

十里高城鋪十里邸家鋪

狂秋征纔罷復冬防粟輸雁塞民殊困冰鑿嵐
河卒半僵索賦但知嚴督責救時誰解說安攘
閭閻處處多愁歎媿乏訏謨奏建章戊午冬季
望後一日明山受堂題後二行云嘉靖己未春
吉署縣事汾州衛經歷楊得金立石儒學訓導
王希周托丹一題為讀辟閒端溪詩有懷詩云
不見端溪十四載江南塞北日相思郵亭此口
無窮意對口口看壁上詩嘉靖口口口苑下闕
第十詩此下對下嘉靖下皆剝落不可辨苑口

[redacted]剝蝕無字端溪不知何人勝朝中葉邊患方殷晉師北出此為通衢蓋當時督師防秋者行[redacted]自入山西境凡有汛官及防營處弁兵皆有舉礮迎送之禮或跽迎道左或遠送數十里外余往往謝卻之嘗歎中國養兵其視兵也輕西人養兵其視兵也重強弱之機於是焉在承平積習浴襲已久達官貴人輙示威重卑視將領撝訶材官徒令折衝禦侮之選習為迎送拜跪之儀并不足以

保衛商旅譏詧非常何論疆場效命我大綠營積弊（敝）變為練軍練軍日弛漸染汙習坐耗餉給（漫）漫成鉛刀此可為深曠（曠）而絕痛者也

初三日己未辰正刻行距城十里許道左一碑題周卿士吉甫尹公故里志乘流傳未為塙鑿要以姬室名卿才兼作誦穆如之風千禩如昨表以豐碣流連慕思亦其宜矣二十里經張蘭鎮[redacted]商賈輻輳闤闠殷賑有驛鎮馬隊舉礮來迓午後暄暖風不揚沙遙峯切雲近

永寧堡一名陳村十里西堡入介休

祠門

巘衙日山趾村落鱗次櫛比村外平疇如掌蕪
薉不治詢之土人謂昔皆稻田地土多鹻種穀
不殖倘用西人農家化分之法治之當變斥鹵
爲膏腴矣過郭有道祠下祠前二碑一題曰有
道阡嘉靖丁巳春鄢陵後學陳藻題一題曰三
賢故里旁一行曰晉潔惠介之宋元豐間錫謚
推漢有道先生郭泰宋潞國公文彥博漢槐一
株大可四十圍空中殊半根下別出孫枝亦干
霄合抱矣入祠瞻拜祠凡三楹塑像儼然傅青

姓書扁曰清妙堂廊左二碑蔡中郎撰郭有道碑文一為鄭谷口書一為傅青主書鄭書峻潔傅書奇逸摩挲久之憶丁亥冬游羊城葉菊裳同年貽我宋拓翻刻本神采煥發居然虎賁中郎也其餘碑刻林立明嘉靖二十四年萬歷二十一年魏光俏元至元三十一年順治十三年知縣李如樸康熙辛未邑人梁欽構嘉慶庚辰皆有重脩碑記又石刻像一邑人郭海記詩刻尤彰惟河南呂公溥寸田三詩武林趙廷萼輝

遠五言古詩一章冣可誦又壁間明孫繼魯郭林宗贊陳義頗高辭亦近雅因錄之先生大都高蹈中郎備矣乃身栖白屋心在彤廷殄瘁有嗟中郎無述良以後漢傾頹磐石搖動退聊邱壑進窒經綸委質未通聘珍得已如曾居鼎宰攬轡分符既正君臣莫逃天地横流砥柱豈讓諸人獨憾丹書約泯白馬盟寒英雄異延攬之秋黨人丁禁錮之會芳香蕪穢氛祲彌滿東已失明西何得吉期時留神載籍啓發友生馳

譽當年流芳後世豈先生之凋意哉惟中郎之作碑銘屬時重忌諱詞雖麗則意遂沈淪俾先生大隱弗彰致後進長思靡定假鑒身為是則龍逢比干失夫夏殷若謂濟世為非則長沮桀溺賢于孔孟先生有道夫豈情然固知見幾正憂國也爰述贊曰嗟哉先生逢時讒慝鳳伏龜翔飈回露塞煉石無補杞國徒憂辟舉託疾肥遯靈修岩穴栖栖經生比比明哲葆光嬌強不已專求漢廷董子其人或出或處易地同神有

道故宅在北關郭家村今華嚴寺相傳即其遺
址文潞公祠在東關三義廟側今已無之縣東
南二十五里有介山亦名綿山山跨介休靈石
兩縣地縣人嘗訟之乃以山脊為界分陽坡陰
坡縣令李鍾盛有分界碑記又有綿上聚西南
十二里有忌坡坂世傳介之推避晉文公于此又
有思煙臺蓋晉文公時以焚山之故令三月五
日禁火後因以為俗三日冷食故有斯名矣訪
介子推祠在西海鎮之東俗名神林亦曰介林水經注石桐水

即綿水出介休縣綿山北流逕石桐寺即介之
推祠今石桐寺已不知所在翁午明卿冷仙和
甫皆入祠周覽夕陽既積乃驅車去抵介休縣
宿知縣吳匡設供張于行館吳字書年湖州烏
程人
初四日庚申辰正刻行二十里義棠鎮漸入山徑水道皆險隘
古冷泉關宋史就地理志之陽涼北關也為古
雀鼠谷之路水經注汾水南過冠爵津俗為雀
鼠谷水左右悉結偏梁閣道累石就路縈帶巖

側上載山阜下臨絕澗俗謂謂之魯般橋後周建德五年周主邕攻晉州軍於汾曲分遣宇文憲守雀鼠谷隋大業間太原留守李淵破甄翟兒于雀鼠谷唐武德三年劉武周陷介州唐將李寶誼等戰于此兵敗被虜既而太宗擊武周追破其將宋金剛宿雀鼠谷西原開元十一年北巡并州經雀鼠谷谷蓋往來要隘危石千尋贛峅欹仄濁流湯湯犇駛脚底介休縣志有東谼谷西谷、谼白牛泓黑龍池皆注汾河諸水所

據山西金石記引元和志作大道好吉

滙宜有此鉅觀也過冷泉關實為太原以西平陽以東要隘十五里午食於兩渡鎮飯罷行抵靈石縣十里棠州鋪二十里水頭鎮一里宿知縣趙爾巽字仰雲漢軍正藍旂人丙子舉人次山鐵珊兩前輩之族弟也縣故介休地隋開皇十年始置靈石縣相傳文帝幸太原開道獲瑞石有文曰大道永好吉因以名縣黄左田先生瑞石詩注云隋書王部傳記得石縣者三而不及靈石郃著靈感誌三十卷亦未載得瑞石事殆未足据余於同治癸亥戊辰兩過此曾觀

此石高七尺許深黝如鏡文已不可辨今過騎匆促不復往訪

初五日辛酉辰正刻行行里許即入山石路巉崎十里坡底村十里俗名韓侯嶺寔古之高辟嶺也北與雀鼠谷接後周建德五年齊師敗于晉州高阿那肱退守高辟隋仁壽末漢王諒舉兵并州楊素擊之諒遣其將趙子開擁衆十萬屯據高壁布陣五十里即此地又有洛女砦秦王嶺宋老生寨皆險要可守嶺上有漢淮陰侯廟廟後為侯墓侯

及葬於此廟食於此皆無可攷元集賢學士歸
暘重脩廟碑云廟始於金明昌間元大德年增
葺之自明以來廟貌益崇麗余戊辰過此丹雘
方新今隊剝矣壁間詩刻幾滿吾鄉陳荔峯嵩
慶七言律二首視學山西時所題下嶺二十里
午食于仁義驛縣有仁義河源出沁源縣境經
大陽山引渠溉田至仁義驛西南二十里入於
汾水河已湮廢驛以指河得名午後復行山谷中
一逕盤紆兩壁斗絕土色微赭間以青黎杜老

峽形蔵堂隍壁色立積錢二語可以移狀茲山矣行二十里入霍州城宿署知州李峻臣同年崇洸出郭來迓峻臣陝西延川人丙子舉人丁丑進廿以內閣中書截取同知補潞安府同知丙申春來權此州峻臣祖靄山先生宗沆與先大父鄉會同年官湘蜀並有聲在合州尤多善政州人至今誦之後官粵東引疾歸同治癸酉重宴鹿鳴卒年八十二昔先大父僑寓長安藹山先生方在籍時相過從余年舞勺未及見峻

十五里逍遙村十五里由北村十五里師莊十五里周村

臣出示先生墓誌銘前輩巴陵謝麐伯維藩撰
又屬携致合州官紳書將爲其大父請祀名宦
也
初六日壬戌辰初刻行崚臣至行館話別將送
余出郭余力謝之出南關外望見霍山山南連
趙城北跨靈石東及於沁源古冀州之鎮禹貢
既修太原至于岳陽是也陽崖陰壑烟霞蔽虧
太岳之神是興雲雨山泉下注實曰霍渠唐貞
元中引流分二渠曰北霍南霍北渠分三道專

溉趙城境内之田南渠分五道兼溉洪洞境内之田凡九百有餘頃下流注於汾又有大澤渠在縣東北元中統四年引渠溉田西入于汾今故渠雖未盡可攷而自霍州洪洞以南農民尚知溝洫之法盡水之利而無其害地勢民俗蓋相因也趙城縣相傳周穆王封造父地在漢爲彘縣今猶稱彘城云出南門平原曠朗並山多水田溝塍交錯縈帶荷塘夾岸植柳蕭槮如畫[redacted]村尾水碓三五砰訇若

雷清渠瀧瀧綺交脈注其猶北霍南霍之遺蹟
鰍村民勤樹藝林木蔬果之屬蓊蔚苯蓴尤多
東實離離壓樹丹楓烏桕經霜始酣掩暎林薄
頳于朝霞目賞意懌恨不能畫過明韓忠定公
祠忠定為劉瑾所陷欲置之死地既罷歸猶遣
邏卒伺察於途忠定乘一羸宿野店而去瑾既
伏誅廷臣交章薦俱不報比卒乃賜葬祭諡忠
宋又過國士橋道光二十五年知縣華典重脩
太平曲沃二縣境亦有豫讓橋俗名義士橋皆

改大字

傳疑未足据漁洋古夫于亭雜錄責讓不報中
行氏而報知伯祇從恩怨起見非天理民彝之
正曩余與薪卿過此論漁洋詩薪卿有句云從
來天下士恩怨總分明薪卿磊落人守牢讐不得
志其為詩往往作偏宕語在茲堂詩八卷余錄
副屬譚君仲脩選定仲脩愛薪卿詩稱不容口為
作叙一首極道昔年文字交契及遭亂聚散離
合之感云十五里薄暮抵洪洞縣宿趙城知縣吳錫田字心齋河南内黄人丙子舉人代理洪洞知縣張官雲字紀堂山

以大字

東人癸酉拔貢生偕來

初七日癸亥天明微雨朝隮于西沉霧不開雨小止遂行回眺霍山歸雲猶渍度南關外太石梁[illegible]名聚瑞橋與北關外東遠橋相擁汾流不王而沿河民田多資灌溉為輪激水引灌高隴以騾馬曳之若旋磨然昨峻臣言霍州趙城間自戊己大祲後土著日稀客民來墾種者十之七多直隸山東人勤苦耕作過于土民歲穫既稔安土為樂而游手涸跡往來靡常寇攘之風

亦因之以起比移省城馬隊駐防緝捕尚安靜無刼案也道左二碣題向肸故里師曠故里殘又有殘碣臯陶廟丹漆陊剝有明代及康熙乾隆間重脩碑又五六奉剝抵平陽府臨汾縣治曰建雄沿後唐建雄軍舊名也相傳為帝堯故都春秋屬晉戰國屬魏秦為河東郡地兩漢因之曹魏始置平陽郡晉因之永嘉三年劉淵僭號建都于此石趙慕容燕及苻姚之徒相繼有其地後魏亦為平陽郡尋改置唐州又改晉州

隋初改平陽郡曰平河郡煬帝改為臨汾郡唐曰晉州天寶初亦曰平陽郡梁置定昌節度後唐曰建雄軍宋仍為晉州政和六年升為平陽府金因之元曰平陽路太德九年改晉寧路明初改[illegible]平陽府　國朝因之郡城周十二里城內頗荒寂咸豐初捻匪自河洛西竄府城陷知府某殉焉幕友楊蓝塘從死楊海寧州人客某太守所賊圍城急人勸之行蓝塘不聽城陷賊執之蓝塘罵賊不絕口遂死之賊退獲其尸郡

小注作大字

人為營葬于城外並撰述其事徵文與詩先大
父嘗為五言古詩一篇此詩未刊入花宜館詩
鈔中芷塘楊君字其名偶不省記山西通志載
其事但言楊某芥字亦佚之可慨也平陽知府
馮鍾岱字申甫（陽湖人甲戌進士）臨汾知縣賀榮驥字
展如（湖北人壬戌舉人）均遣人來夜雨淅瀝客枕懷鄉
幾不成寐
初八日甲子天明雨未已辰正刻行道左碑三
曰蒼頡造字處曰廣成子登仙處曰舜尚見帝

處皆傅會耳[illegible]十里過堯廟循汾水行望姑射山其南支阜曰平山平水出焉水西南流至襄陵城北東入于汾居民引水溉田過高河鎮高河本名澇水或謂之長壽河源出浮山縣北烏嶺山西流入縣境又西注于汾鎮蓋以河名也過趙曲鎮入襄陵縣界二十里入太平縣界宿于史村驛知縣張駒賢（字橋坪直隸趙州人甲戌進士）設供張于此縣東南有乾壁城晉元興初魏主珪與後秦有隙命并州諸部積穀于平陽之乾壁以備

秦既而（姚）興以軍攻乾壁拔之魏書地形志龕昌縣有乾城即乾壁矣縣西南有丹朱泉娥英二泉並傳會得名耳

初九日乙丑天未明聞雨聲浪浪從者皆不欲行俄雨稍止趣各車馬先發余亦行不數里入山谷兩崖逼束中容一車峻阪滑澾泥深沒踝登頓上下可二十里詢土人不知山名方輿記要云太平縣有柴壁後秦姚興使其弟平與狄伯支等將步騎四萬伐魏攻平陽拔之遂據柴

壁又曲沃縣有蒙坑晉元興初魏主珪園柴壁
安同曰汾東有蒙坑東西三百餘里蹊逕不通
姚興來必從汾西直臨柴壁如此便聲勢相接
不如為浮梁渡汾西築圍以拒之珪從之大敗
興於蒙坑之南今所行在兩縣閒有蒙亭邨蒙
城鎮茲山疑即蒙坑矣下坡雨復作過蒙城驛
高城鎮雨止雨日所過亭堠皆傾圮不治土屋
敗垣不蔽風雨或塗粉壁尺許或張一小幟書
某縣第幾窩鋪更夫某巡丁某其實祇一二人

率羸瘠有菜色此輩索一飽不得尚能捕賊盜
衛行旅耶吏治績效此其大端矣申刻宿侯馬（二十里高顯鎮二十里郭馬鋪十里）
驛驛在縣治西南三十里知縣儒芳字心芝滿洲廂白旗
人庚辰進士置頓于此聞同年劉益齋學謙今日宿
聞喜縣方自關中典試歸也
初十日丙寅雨不止留滯行館作鑑兒書並寫
司徒詒芬馬伯嘉樊鴻甫及心柏姪各信皆在
京師時所未及作答者補寄鑑兒分別遞去向
晚雨歇薄醉微吟燈下讀滹南集

十一日丁卯晴趣裝行驛之南有石梁曰澮水橋澮水二源一出翼城縣烏嶺山西流入曲沃縣境一出絳縣東北大交鎮亦西北流入縣境又西入絳州界注于汾水左氏傳晉人謀徙新田謂有汾澮以流其惡昔皆汾澮並稱河流必王今窄窄才如帶耳夾岸槐柳經雨緑潤宿霧瀠白橫抹山半村樹如薺在明滅間行數里復（距侯馬驛二十里）入山谷坡陀綿亙徑路高下地名隘口蓋以此也約四五里出谷平原中開麥苗寸碧彌望若

繡尤饒木棉纍纍結寔午食于東鎮村店湫隘淖深尺許飯罷行過裴晉公祠祠已傾圮蹟垣僅存有二碑一題唐晉公裴度故里一題宋豐公趙鼎故里均邑令河朔古陟州李如蘭立又一石刻聞喜裴氏家譜序裴氏在唐代號為望族析為二支時稱東裴西裴晉公盖西裴云晉公勛在社稷逮事四朝而卒以讒搆幾隕令名先大父過聞喜弔裴晉公詩云朋黨難消賊易除四朝遺跡動欷歔風裁陸贄詞尤激功業

汾陽福不如豈有賢姦能並進空言恩禮未全
疏蕭條綠野堂中酒世事傷心白首餘是詩在
咸豐壬子春作意似別有所慨不獨為晋公發
辛丑八月十五日宿張村十里
暮宿聞喜縣涑川驛聞喜晉曲沃地秦為左邑
屬河東郡漢武帝經此聞破南粵因置聞喜縣
云同年劉益齋學謙關中典試歸亦宿此急往
訪遇諸途益齋固請至余行館遂同歸寓先正
考官柏雲卿前輩錦林行至潼關大風不得渡
河留兩日而雲卿亦至今日至此談久別去益

齋在丙戌同榜中年甚少篤實可交前年試御史記名將傳補矣班荆道别來事余口占一絶句貽之云我擬蜀道蠶叢險君采秦風駟鐵雄意如相逢復相别太行雲氣各西東益齋贈陝西闈墨闈中人文未啟大率沿盩厔遺風謹守繩墨耳余作鑑兒書託益齋携付又寄葉赤達丈書丈問學淵雅工詩及駢文落魄一官滯留嶺南聞余入蜀遺書來賀先大父開府西南慶坻髫齒隨宦今乃持節且以振起蜀學盛相

貽許慶城答書言先人兩世官蜀清名尚在入口誦芬述德彌用兢兢未敢修爲嬓談以啓佚志世變日亟人才衰替振奇之士豈繫無人惟益自鏃厲矢公矢廉或冀無負國恩無隕家聲而已夜月清皎頗有寒色代理知縣張良標字雲齋松江府婁縣人

十二日戊辰辰初刻行天宇晶爽復暄煖如十日前半食于水頭鎮姜陵水也過涑水橋涑水源出絳縣橫嶺山乾洞伏流盤束地中而復出

西流經縣東合甘泉引為四渠溉田百二十餘頃又西經夏縣西安邑縣北猗氏縣東北臨晉縣東南合姚暹渠又西入蒲州府界折西南入于黃河今水僅尺許曾不容刀非復故河矣過蔡倫溝道旁立碣曰漢｜蔡倫故里又有先賢杜康故里一石未詳何所据也申刻抵北相驛有驛曰洪芝屬安邑縣知縣王廷英為置頓于此縣西二里有安邑故城相傳為舜禹故都又其西有運城舊名司鹽城括地志故鹽氏城也

漢司鹽都尉治此因名或謂之唐大歷中置鹽
治因築城焉今其地亦名潞村河東道駐此兼
榷鹽務有監掣同知一場大使三城外有鹽池
方罫如田不勞人力風日所凝結也夏秋王收
冬春少殺行銷秦豫兩省課入為晉省度支一
大宗曩侍先大父先君子自秦入晉厲運城三
閱月地為醝賈聚處至繁盛嘗與薪鄉往觀所
謂塩池者池旁有虞帝廟廟有歌薰樓海光樓
憑高極望萬井一白晴旭晃漾波光動搖故名

小注改大字

此錢攆石事誤記也

海光吴盐池之水非南風不凝揮弦歌風乃曰阜財是知虞帝之世鹽利已興不獨沃饒近鹽晉大夫盬稱郇瑕也王廷英字菊秋，湖南長沙縣人。是日和甫感秋温頗委頓，乞毛仲明為處方。

十三日己巳辰正刻行四五里經二十太石坊上書古虞帝舜陵括地志高崖源在安邑縣北其南坂口即古鳴條岡之北或云舜所葬地國家有大慶典遣官祭歷代帝王陵寢昔大興朱石君先生奉使祭堯陵歸而上疏辨今所祭堯

讚而已

補守制舜葬後非湘南用處初至山西安邑之舜陵應修舍有句防

陵之非纚纚數千言此舜陵墝高杳未可知歲月綿遠想象而已未幾濃霧四合不辨村樹一時許晴色開朗中條山已在眼底山在縣南三十里中有王官谷唐司空表聖隱居處明呂柟游王官谷記云至故市西折而南谷水北流入市貽溪也溪上結屋名休休亭余平生雅癖泉石夙志幽栖行役勞生笻笠未遂二巖五老虛結遐想朅來三度青山識我昔晚唐寇亂中原俶擾表聖高寄屏跡人外詩格清妙純乎天倪合

日世變頃洞莫測其涯一邱一壑彌動人思慕矣過牛杜村有關神武祠廟頗壯麗碑言村為隋牛文安侯唐杜萊成公故里邨名牛杜以此地屬猗氏縣古郇國地春秋時為晉令狐地孔叢子曰魯人猗頓適西河大畜牛羊于猗氏之南漢置縣于此水經注猗氏縣南對澤即猗頓故居也未刻宿樊橋驛蒲州府臨晉縣屬行館後有亭翼然可縱遊是日月在空煙嵐盪碧送旅中領此清趣得未曾有臨晉知縣鄭景福字介

小注改大字

山順天大興縣人

十四日庚午辰正刻行循中條山西麓而南雲氣瀰漫嵐翠隱約二十里過七級鎮自茲以南皆荒落少人煙所過高市席村村氓三五家賣餅為活問之則云自戊寅大旱以後孑遺之民蕉悴貧困客籍佔地耕作土民轉為之傭比歲多刼掠之案官亦無如何也申刻宿寺坡底為河東驛山頂有普救寺古剎殘廢枯僧守之道左一碣題曰明名臣冢宰楊襄毅公博故里行

館前後頗荒蕪距蒲州府城五里而近蓋至此行盡晉地將入秦疆矣計自井陘以東歷太原汾州平陽蒲州四府霍解二州境綜覽形勢咨訪父老竊謂山西一省北衛京師南通秦豫有太行以為之固有大河以為之限土門泠泉諸關高壁柴壁諸嶺皆漢唐以來歷宋元明據險扼塞戰守必爭之地朔平大同忻代二州歸綏七廳外控蒙古內維省治則地形可守也民氣樸厚無東南譁囂之習往歲大旱赤地千里至

人相食而無聚衆一鬨賑之案無一乘機刼奪之案甯為餓莩不為亂民則人心可恃也水利不修殆數百年而近山有水泉處指不勝僂故渠遺蹟所在恒有倘因而修之更仿西法濬淤河製農具以立重罰以懲惰農講化學以物土宜勤課樹蓺無使曠土則農利可廣也修獲鹿至太原錢路更自太原以達河東使貨物便于運轉可開之卝次第興工煤錢二者將不勝用葡萄釀酒羊駝之毛織絨與氈四方皆可行

銷則高務可興也往時晉士闇陋不知向學章句之儒尚不可得自屠梅君長山朔設令德堂教人以天筭之學錮蔽漸開神智漸啟蒸蒸向風則學校可振也有是五者晉具富強之基毋畏難而因循毋以為無可為而畀之得一果毅強力之大吏行之十年必有成效書生迂論姑筆於此以論當世通治本者和甫疾未輕減羸弱之軀在里中閒適久而不耐勞苦長涂車馬之勞風霜之侵乃至此耳

十五日辛未仍行中條山下天陰有風煙靄明滅若近若遠東南一山與中條相屬者為首陽山山下有夷齊廟詩采苓采苓首陽之巔是也或以為即雷首山十三州志首陽一名獨頭山漸行漸高倐見三峯特起秀出雲表蓋華山矣經閿河飯即行風益甚人行坡陀間[illegible]沙堆口即風陵渡也水經注函谷關直北隔河有曾阜巍然獨秀孤峙河陽世謂之風陵戴延之所謂風塠者也相傳是風后冢御覽引延之西

征記云宓犧女媧風姓此當是女媧墓寰宇記同唐陸長源有媧皇墓辨肅宗朝命祠祀之乾德四年詔置守陵五戶春祀以少牢按平陽府趙城東相傳有女媧陵泲寧州東南山亦有女媧陵皆傅會傳疑無可塙證過此即抵河岍風漸定潼關撫民同知文君旭初德升遣人喚渡船余與衛齋先渡揚帆破浪約一刻許達南岍文同知及都司文芳巡檢段子廉來迓尋入潼關城唐以前曰潼谷關天授二年移近黃河隸

虢州宣應元年改屬華陰宋熙寧中始築城明洪武九年指揮僉事馬騤增脩城陴依山曲折周十二里其北下臨洪河為門者六九年設潼關衛國朝因之舊屬西安府雍正二年裁五年復設潼關縣屬華州乾隆十三年裁縣置廳屬同州府元和志云上躋高嵎俯視洪流盤結峻極實為天險河之北岍至蒲關六十里蓋唐都長安此關寔帝宅戶牖自是累代防戍恃為重險勝朝高陽孫傳庭一敗而賊騎長驅入關漁洋

詩雁門司馬恨如何之句有餘痛焉今設潼商兵備道一潼關協一撫民同知一都司一城守營守備一巡檢一釐金局委員一舊有滿洲駐防城雍正二年建乾隆二年撤駐防旗營署兵備道陳君兆璜字亦漁湖南桂陽州人復心同年之兄以疾未出僅通一刺而已行館為兵備道舊廨實前明兵部尚書王之臣故宅乾隆十三年移建道署此地遂為冠蓋往來[illegible]館云

十六日壬申夘刻起趣諸人早發出關門數里

過漢太尉楊[illegible]伯起墓下太尉以忠直被放歸卒于夕陽亭順宗朝詔以禮改葬于華陰潼亭即其地也今存石闕一題曰四知坊二字坊右碑碣題一曰漢太尉楊公震墓碑記乾隆丙申陝西巡撫畢沅[illegible]書闕内一碣題曰漢關西夫子楊公墓嘉靖庚申十月陝西右參議涿鹿史闕疑知縣李時芳立進數十武又一石闕題曰清白吏蹟萬歷元年按察副使蔡可教脩復塋記一六年行人司行人楊四知祭文一四十二年華

陰知縣王九暟增拓墓址記一順治戊戌湯文
正公重（修）饗堂碑記一乾隆元年四川巡撫楊馝
脩重碑記一嘉慶十[redacted]八年固原提督楊遇春
重脩碑記一今饗堂僅存亦蕪穢不治[redacted]
[redacted]馬首南向在目華山憶余自十齡
入秦始見華十三再入秦再見華十六由（商）雒出
潼關三見華今其四矣（行三十五里至華嶽廟）謁嶽祠祠燬于同治初
回匪之亂左文襄[redacted]平回乃[redacted]重建規制宏麗
中多石刻漢西嶽華山碑僅存碑陰（殘）錢字奭荷

屋鈎刻阮文達所藏四明本其不足者以長垣本補之夾道古槐柏數百株大石坊二一曰少皡之都一曰蓐收之府門一題曰金城門正殿額曰灝靈宮殿後有放生池寢後為萬歲閣閣三層余登寢上層眺覽久之是日雲陰未開蓮華諸峰隱約可辨同人欲信宿嶽祠商略事游顧念過客留滯僕馬厨傳之費重煩東道主非義所安乃趣之行名山在目不得携節蠟屐徧探希夷峽毛女洞娑羅坪諸勝二十八潭空存夢

想頓令樵子傲我未免嶽靈笑人華陰知縣楊調元和甫貴州人丁丑進士過[四里]華陰縣城城北有渭河自華山北逕入于黃河水經注河水歷船司空與渭水合即春秋時之渭汭漢置倉于此隋有永豐廣通二倉唐代因之又增設臨渭倉縣西二十里有敷水水出華州東敷水谷北流入渭唐開元間姜師度鑿之以洩水害刺史樊忱復鑿之以通渭漕暮抵華州宿知州邊子傑基

[共十五里過長城橋五里張家莊清官遠]

允祖恭來子允河南衛輝府封邱人咸豐辛酉[illegible]五子[illegible]小鎮

舉人由戶部郎中改捐知州選葭州調隴州令來權華談次久別去始知其大父青藜嘉慶甲戌進士其尊人其音道光壬辰副榜與余家兩世譜誼談久別去余往答謁復與話京師近事歸已二鼓矣欲訪齊雲樓遺址已傾廢按唐詩紀事乾寧三年李茂貞犯闕帝次華州韓迎歸郡中帝鬱鬱不樂每登城西齊雲樓遠望明年秋製菩薩蠻詞二首語極悽婉

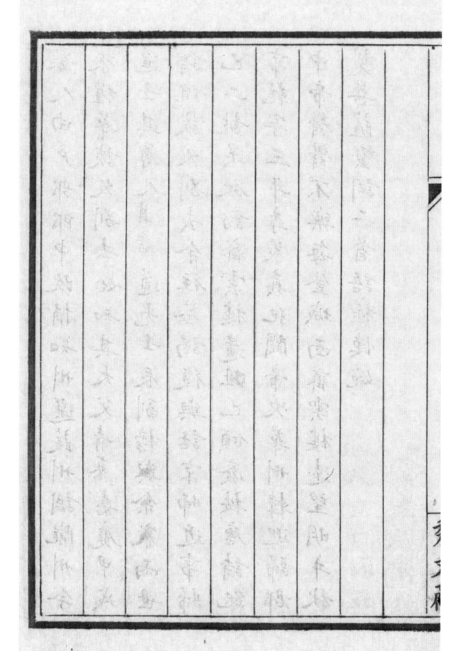

入

# 使蜀紀程

下

十七日癸酉和甫益委頓乃爲覓僱箯輿以行渠畏車如虎也今日並山行乃少華山西麓少華與太華相聯屬有獨秀玉女諸峰白石峪潭峪皆幽秀深邃遠與終南環帶張平子所謂綴以少華也三十里經赤水水經注大赤水即竹水也一名箭谷水又有小赤水亦名灌水出州西南石脆山又亦名高谷水俱流經州北注於渭州西又有石橋水五港河皆入渭之水也子充言比方督民濬河此間山泉至多隨地異名遂

漸疏導溉田利薄溥未刻抵渭南縣宿樊雲門前革增祥官此四年以卓異入都引見比攝縣事者為雷天裕字杏生四川中江縣人出郭來迓言雲門五月交替八月北行憶辛卯年余與雲門在京師連牆而居者半年詩筒往還又屢于浙館侍瑞安師越縵文談讌甚樂君以九月既望抵京師而余十七日出都交臂相失不獲於槐街藤舍重拾墜歡過君治邑輿誦盈耳能為循吏不獨詩人矣和甫疾小瘳

十八日甲戌辰正刻行雨後土潤麥苗盡茁秀野新綠有似春晚人家煙樹蔥蒨如畫午食于零口水經注泠水出肺浮山經陰盤新豐兩原之間漢靈帝立陰盤城泠水際城北出亦謂之陰盤水又北流絶灞盤溝注于渭其入渭處謂之零口康熙四十二年

聖駕駐蹕嘗于零口小獵蓋川原平曠利馳騁也過新豐鎮太平寨字記漢新城屬京兆今縣東十二里故城即漢縣所後漢靈帝末移安定郡陰盤縣寄理于此

人亦謂之陰盤城枌榆古社遺址無存土垣村店酒家三五無復聞鷄鳴狗之風申刻至臨潼署知縣海甯施劭字勖臣與典史劉鈞來迓行館在驪山下旁有環園依山架楹就水通沼亭館結構頗具匠心光緒己卯春臨潼知縣會稽沈家楨創脩有能吏名後為豐潤張幼樵學士劾罷聞戊寅己卯間秦晉旱災沈勸紳富捐款助賑頗嚴峻比捐款集而賑事已大定乃託以工代賑之説大興工作如華州驛館臨潼

官衙署及此園皆糜巨金士民怨之謂其取賑款崇飾臺榭以媚上也溫泉湯池凡六有御湯太子湯康熙間所作以備巡幸又新湯二男湯一女湯一亦後作非唐時故址謹按康熙四十二年諭旨有毋以朕臨幸之後禁民洗浴語敕其後居人過客皆得浴焉先大父驪山溫泉詩云蓮花甃玉早消磨阿鵂湯前感詠多誰似聖神天子事能翻甌水作恩波盡紀此事余與同行諸子皆浴焉步月池上清輝可人

繡嶺千尺幾閱興亡宴安鴆毒萬古一轍不必
誦津陽門詩重增感喟也園中碑刻有唐張燕
國公温泉箴虞部員外郎楊六平書丹陳叔度
隻皂莢行詩宋程懿叔題字元符三年十月二十八日自福康守
就移提舉川陝茶馬至此遇雪偶書
公事孫漸游驪山詩政和四年十月臨潼縣宣令管句學事王下闕
句謝龍圖留題政和丙申三月十八日謝彥子美書潁川李梲
題靈泉觀詩下二行云向子中自丙申歲皆以職事過此宣和辛丑孟夏十七日
元古齋僕散風流子詞正大三年重九日承務郎主簿慕蘭記明威將

單縣尉李春定遠將軍縣丞楊永達奉陝西路
國上將軍臨潼縣令僕散希魯立石
按察使移剌霖驪山有感詩承安屠維協洽書雲後七日謹跋
國朝人詩不記碑多斷缺蓋同治初回亂焚
燬所僅存者是日甘肅考官連甲王廷鉞亦宿此遣僕索闌墨来
十九日乙亥辰正刻行五里過渭水橋史記索
隱云渭橋有三通咸陽路者曰西渭橋通高陵
路者曰東渭橋在長安城北者曰中渭橋三輔黃
圖渭水貫都以象天漢橫橋南渡以法牽牛是
也行二十里至灞橋灞水源出藍田縣南山谷

中漢志所謂藍田谷亦名藍谷水者也自南山北流經縣西歷白鹿原東又北經府東霸陵故城西又北入于渭在唐時爲畿南大川貞元四年嘗暴溢漂溺百餘人其後遷絕不可復通舟楫今則漲沙千頃河流斷續虹梁亙天尚足壯觀夾岸斷柳不成行列咸寧知縣馬君于橋側行館頓置過滻橋滻水亦出南山谷中漢志注與霸同源異流經藍田縣白鹿原西又北至霸陵城南仍合於灞水元和志長樂坡在萬年縣

東北一十五里即滻坡隋文帝改爲長樂坡萬年本咸寧縣舊名也關中八川所滙一涇二渭三滻灞四滻五澇六潏七灃八滈而諸水皆入渭故渭爲巨瀆浸得以通漕入河今湮廢已久富人之渠徒存想像近郭數里撫軍魏午莊光燾西安將軍倬人國俊都統

長春布政李薌垣有棻按察姚馨圃前輩協贊糧儲道童勳甫兆蓉鹽法道江海帆滙川西安知府李筱雲希哲咸寧知縣馬菉裴毓華長安知縣梁心荃承馨

此十三字改小字

别長安二十五年

先後遣人持名刺来迓尋入門曰長樂門東門别長安五十五年今府城唐天祐元年匡國節度使韓建所築新城也明洪武初增修城周四十里門四東長樂南永寧西安定北安遠皆仍舊名無復舊時竹馬同騎之侶解鞍客舍馬梁二縣令来謁馬江寧人梁臨桂人清軍同知聞壽昌〔字子牧錢塘人〕布庫大使馬惟浚似蘭来二君全浙會館直年急詢以義園情形知二君實司其董子牧從張勤果關外軍營久頗能言西邊戰事似蘭為春暘蘭葦從孫也卅年前親舊宦此者頗

嗇落余妻弟壽珊曩官耀州知州外舅外姑皆卒于官署以黔中道遠不得歸即葬西安南門外之原壽珊服除選岷州尋以事去又卒于長安亦附葬焉二子長曰蕚次曰蔭流寓此間蕚三娶尚無子比方游山東將入京師乃適相左蔭甫十五歲依其嫂人頗恂恂來候于客舍内子離家卅年骨肉死生之感同此惻愴白河知縣尹仲錫昌齡來仲錫華陽人壬辰庶吉士散館改知縣在白河有政聲署巡撫張兆梅奏保循吏奉

旨嘉獎比調內簾將調署長安年才二十八才器閎綽有志為良吏未可量也聞梁心荃言得其姪巨川十月朔京師書謂鑑兒有入直南書房之信是夕發電告平安抵陝兼問南齋事二十日丙子作大兄書鑑兒書濮婕周書以和甫病狀告之和甫弱質不耐勞余攜以來亦懼其里中無恆業將終窶塗間疾作余深憂之幸同行幕賓毛仲明處方極善轉危為安外家一綫之慶也午后謁客見午莊中丞薌垣方伯馨

圃前輩偉人將軍餘皆未晤李筱雲太守來王菊生大令溶孫滋園府經歷學曾孫豫臯典史桐吉張筱田宗銘仙植宗漢來王仁和人小榭先生子久于蜀中以迴避改官于此筱田昆仲為仲甫先生從孫同里舊媚客邸薛若知其依人作生計供老母甘旨尚足自立云

二十一日丁丑辰刻具酒肴香楮與内子率傳孫出南門至浙江義園庶祖母王宜人張孺人二妹婉宜葬所三冢皆完好碑字亦未漫漶當

辛酉壬戌間故鄉陷賊秦中回亂方熾遂先後
卜葬于此卅年幽宮復此瞻拜感慟彌衿又表兄王
多祺墓亦同塋義園蘇程昆弟羈卟同游寒燕
馬鬣醉酒雪涕子牧似蘭先至為指示盛誼可
感談刻許余給看園人王姓四金遂先行與内
子偕詣外舅外姑墓墓在西門外黃家莊南向
外舅之墓在光緒十年蓋二十有六年矣憶自
丁卯九月别外舅于京師明年春别外姑于太
原自後遂不復相見山邱華屋之痛有過尋常

内子哭尤慟余名墳丁萬四來給以錢屬其善為守護徘徊徙倚久之遂游慈恩薦福兩寺俗稱大雁塔小雁塔者也城南勝蹟更僕難數聿曲杜曲之花長陵茂陵之月憑弔無極聊寄篇詠比入城偉人將軍午莊中丞鄭垣方伯[illegible]馨圃廉訪前輩童勖甫[illegible]海帆兩觀察來同鄉來者倪寬甫大令度己酉拔貢詹閣臣大令兆璘程蔭棠大令壎鄭耀臣大令宗先癸巳舉人陶宣三同知憲章劉禹泉捘經鈺先後至均來至陸吾山丈

襄鉞來余方出城未之見午後急談訪丈丁繼
母憂家居縱談時事忠懷憤之氣溢于言表歸後
孫滋園復來見內弟花少白樹榮來同鄉諸君
招飲全浙會館作札謝之是日接鑑兒電信京
厲安吉所訂施南劉緝唐鄉試中式不得來幕
中少此人頗乖初意張縵芝丈已自杭州啓程
可喜也
二十二日戊寅答謁諸客歸後王菊生大令馬
似蘭庫使來略談鈕鶴田大令福嘉方子馴縣

丞德麟來未晤鈕烏程人方錢塘人其尊人緒齋先生久游秦中余幼時曾見顏色者也從李方伯假閱九月十七日以後邸鈔廣西巡撫史念祖照部議革職御史蔣式芬所劾也黄槐森調廣西巡撫裕祥補雲南巡撫瞿鴻禨補内閣學士徐承煜補副都御史山東巡撫李秉衡奏保治行卓著凡七人丁叔衡前輩與焉其考語曰居心正大辦事嚴明炳衡與余共事會典館投分至深出守大郡勤于爲政夙昔偉抱展施百一允其所至奚翅爲良二千石

卯

二十三日己丣以明日將行撿料行匧中丞以下諸君皆來送尹仲鴻錫來久談言今日士習敝敗人心陷溺宜講明義理之學以挽積波余甚韙之是日從薌垣方伯借申報見浙江榜錄應敏齋之子德闓王同伯之子壽[illegible]（棣）與焉邵伯問鄭岱生家錫侯余所屬望乃皆下第為之悒悒咸寧令馬菉裴來筱田仙楂来

二十四日庚辰午莊中丞以下皆來送別已刻

出西門天宇澄霽望終南山蒼靄重疊煙樹回互馬首所向目不暇給王菊生孫豫皋送于郭外茗話而別筱田仙槎送至火神廟午飯于三橋孫滋園及少白先在送余登輿鄭重而別申刻過灃水橋旋渡渭水夕陽在山山光水渺然煙際舟子云十月後將成橋每歲清明後水漲則橋衝去始用渡船矣舊時有安劉安陽兩寺諸渡今祇一處耳入咸陽城縣在九嵕諸山之南故曰咸陽其東有長陵城漢高帝陵又有陳

濤斜唐房琯將兵復西京至便橋遇賊將安守忠于咸陽之陳濤斜琯軍大敗杜老悲陳陶詩為琯作也行館壁間石刻有嘉靖辛丑行菴陳具學咸陽懷古詩又嘉靖四十一年陝西巡撫河中古山裴紳詩二首順治辛丑祭告使者大陸楊時薦詩一首康熙癸亥古襄平王清賢督餉西川過咸陽詩一首附記之他日輯金石志者所取資也庭中蠟梅一樹已著花雛孫攀折冷香襲衣憶故園華宜館右偏蠟梅一株開最爛漫性復耐久臘月作花二月始盡客館對此物候驚心悵觸懷鄉不能已已

二十五日辛巳辰正刻行二十五里經馬跑泉又二十五里宿興平縣縣為漢槐里縣地後為平陵魏改始平以縣北有始平原也唐景龍間改金城至德二載始更今名城邑褊小而街市頗整潔知縣舒紹祥字啓堂四川華陽人典史王維翰小園廣西臨桂人出郭來迓後至行館小園尊人為先外舅典試粵西所得士故小園與壽珊舊相識談壽珊身後事同此欷歔

二十六日壬午辰初刻行三十里經馬嵬驛道

旁楊太真墓乾隆丙申畢秋帆尚書修題墓碣曰唐元宗貴妃楊氏墓同治辛未奉新許仙屏中丞重葺前爲祠三楹祠中二碑一刻新城王尚書過馬嵬懷古詩一刻秋帆中丞馬嵬懷古詩兩廊嵌詩帖尤夥竇宏餘廣讁仙怨六言詩尤哀艷叙言明皇既西幸道中泣謂高力士曰吾聽九齡之言不到于此乃命中使往韶州以太牢祭之因上馬吹笛庶（度）自製曲有司錄成請名上命之曰讁仙怨厥後亂離隔絕有人

自西川傳得者但呼為劍南神曲其後隨州刺史劉長卿左遷睦州司馬撰其詞吹之為曲意頗自得蓋亦不知其本事故宏餘為廣謫仙怨以抒感愴云　國朝人詩近惟侯官林文忠八絕句最婉摯末章云籍甚才名長恨篇先皇穢德老臣宣詩人解識君親義杜老而還祗鄭畋剌譏樂天持論極正然小雅赫赫宗周褒姒威之詩人直道何嘗非忠愛所激發乎若杜公不聞夏殷衰中自誅褒妲立言尤得體耳午食于扶

風鎮俗名為東扶風晚渡漆水抵武功縣宿知縣張景蘭韓同年前軍琦來典史孫緒曾偕來張皋蘭人孫山陰人景韓贈武功績志至簡略文筆亦允陋頗無足觀對山名篇在前後有作者固輿臺矣縣城東有蘇武墓城內有姜嫄廟皆未及一訪瞻拜也

二十六日癸未天陰欲雪薄寒中人望終南雲氣在杳靄閒三十里過杏林鋪又三十里扶風縣午飯署知縣李嘉績字雲生成都人以公事赴省城

縣南有漳河亦曰園川唐武德三年分岐山縣置園川取漳川為名俗譌為圍耳城北舊有蘇蕙織錦巷已不可考飯罷行沈霠漸豁峰岫呈露山頂積雪彌望皜皜縣有太白山一名太乙古稱武功太白去天三百柳子厚云其地寒氷雪積之未嘗已也杜彥達曰太白南連武功最為秀桀冬夏積雪望之皓然故云太白也薄暮轉晴霽返照斜射紫翠萬態杜老錯磨終南翠顛倒紫閣影庶幾近之宿岐山縣知縣記珮字潤

泉滿洲廂黄旂人己未擧人來談老吏也縣北三十里有五將山苻堅爲姚萇將吴忠所執在其地俗遂譌爲五丈原矣道中遇張卲予前輩仁黼楊艾泉編修捷三方自蜀中典試歸道左班荆立談二刻許極論芝翁辦瞻對事未爲失當徒以稍用意氣與同官齟齬乃爲所擠繼之者若作翻案文字以三瞻終歸達賴不獨無此政體抑且弃異地利失人心所繫于全局至鉅談次相與咨嗟久之乃别去

二十八日甲申晨起即行五里過鳳鳴岡舊有三公廟祀太公周公召公今已廢矣又四十里抵鳳翔府鳳翔縣宿鳳翔在漢初為雍國後更名中地郡九年復為內史景帝時分主爵中尉又更名中尉武帝太初中改右扶風後漢因之魏晉均作扶風郡後魏置平秦郡尋又置岐州隋開皇間郡廢大業初改岐州為扶風郡唐復為岐州至德初改鳳翔郡明年升為府尋復為節度使五代因之宋仍曰鳳翔府元曰鳳翔路

明復為府　國朝因之府境居四山之中五水之會沃野千里可耕可屯顧氏祖禹謂自昔規關中者必以郡為先資今形勢如舊而民貧日甚要其西控隴蜀寔為門戶守茲土者宜用兢兢知縣孫顧驂（字耳山江蘇興化人庚午兼補行壬戌舉人大挑來秦）出郭來迷知府周銘旂（字懋山山東人）以方考試遣人來候縣丞楊景（仰山洮州人）典史鹿攜理（遜生定興人）鹿為喬笙同年同祖弟曾官四川松潘廳照磨以迴避芝軒（軿）文來秦詢知芝翁以其第七公子完婚

暫居漢中將入西安度歲也荅謁三君後遂游東
湖湖為坡公鳳翔八觀之一在郡東門之外湖
水從鳳凰泉來瀦為三潭澄碧可鑑亭館森爽
足資游憩短彴卧波層樓倚樹垂楊數十株楷經
霜已操落小坐宛在亭雲水洗眼一盪塵襟湖旁
為蘇文忠公祠祠有公塑像近歲鳳翔知府蕪
完熙年重脩其左有臺題曰淩虛臺臺之南有
亭榜曰喜雨[redacted]祠
壁有公簽判鳳翔寄子由詩石刻又公小象三

有宋湯堂王蓬心兩先生題字畢秋帆尚書及近時張詩舲尚書詩皆可誦畢仙道韻十秋矣小假山食

[redacted]

二十九日乙酉辰初刻行六十里渡汧水汧水自汧陽縣流入寶鷄縣境經縣治北折而東合于渭縣志謂縣居汧渭之間良是也訪祀雞臺遺址已無知之者縣東南四十里有陳倉山一名鷄峯山東北三十里有石鼻城水經注汧水對城諸葛武侯與郝昭相禦處方輿勝覽云石鼻

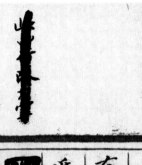

寨行人自北入蜀者至此漸入山自蜀入洛者至此漸出山東坡詩北客初來試新險蜀人從此送殘山是也余少小兩經棧閣但記奇景深渾危險巇今日重來轉有如坡老所云者飽飫歷世故中更憂患學道苦晚老而彌畏固不必長歌蜀道難矣午食于底店暮入寶雞縣陳倉驛宿有時宰是邑者余同年貴筑李少舟端棨而成同本詞館過從頗數已又散館改知縣選沔陽調權長安令補此縣九年契濶復此情話以喆兄

苾園侍郎屬携之書付之[redacted]少舟通曉人之學明練吏事鯁直承明遂脩治譜以視杭塵京洛終歲吮豪濡墨不復知天下事者何如耶晚作芸子同年紹原觀察書乞少舟馬遞成都又以鑑兒書乞其交四川摺弁帶入京師

十一月朔丙戌晨出南門涉渭水而南羣峯刺天遙露鋒鍔九里過桑園鎮漸有石路又六里經益門城元末李思齊築城西據益門山因名

山形險阻有事梁益者必取道于此故曰益門矣又十五里過軍陽堡又十里過二里關畨華盤折長至二里故以之名又十里踰大散嶺嶺上有太散關前陝西巡撫葉伯英題陝南天險四大字鐫石壁上關與寶雞縣分界處關旁舊有松林堡與大散相為唇齒今堡久廢惟縣南有松林驛為往來孔道云又十里至觀音堂飯焉飯後登峻阪千盤百折乃達山頂回視來時諸山若墮釜底經半坡鋪下坡再涉渭五里過

煎茶坪俗傳漢高祖引兵由故道出駐馬煎茶
于此故名人馬踏亂石上行左倚厓巘右臨長溪
淙流湍急略無停響或鐘鼓鏜鞳或琴筑幽咽又
五里經東河驛山寒徹雪有噤痺意又三十里
次宿黃牛鋪自五代以來有事于蜀者兵率由
此其見于史者宋紹興三十年金人大舉入寇
扼大散關游騎攻黃牛鋪吳璘驅至殺金坪棧
黃牛嘉定十一年金人復犯大散關又犯黃牛
堡興元都統吳政拒却之十二年吳政戰死黃

牛堡金人攻武休關皆是也炬火照山始入旅
舍薄酒微醺與諸友坐夜談笑頃而臥
初二日丁亥出黄牛堡而西入漢中府鳳縣界
曉山有寒色行傍巖陰不見日色十五里過長
橋數渡澗溪石上殘雪間以層冰滑不受履二
十五里飯于涼草驛相傳明皇幸蜀時嘗駐蹕
于此輿程記自鳳縣草涼樓驛為入棧道之始
穹崖倚天迤路蟠曲無慮數十折挽縴者邪許
相聞僅達峯巔從騎在山下行溪澗中歷歷可

數十五里登五星臺岡阜盤互林箐茂密怪石奪路危磯激湍目眩意駴不可名狀所過村市曰紅花舖曰百級店皆荒落少人煙二十里經石門關漸就坦夷四山亘亙中闢平疇麥隴蔬畦稍稍有生氣過鄔家灣龍口子皆土坡有少犖确薄暮入鳳縣梁山驛宿縣在漢時爲故道縣後周始爲鳳州明初改爲縣今縣治相傳即故道城北連大散南出褒斜舊稱秦蜀之脊膂良然縣即北嘉陵江又大散水出大散關流經縣

西南入于嘉陵江亦謂之故道水水經注大散
關水流入黃華川是為黃華水也知縣姚旭明字熙
伯桐城人楷抱先生元孫山城貧瘠一切供張余皆
謝卻之舊傳鳳州三絕手柳酒[illegible]道先閣惟三垒之东[illegible]題有金絲柳一株是百年物今且無此樹矣
初三日戊子晨出縣西門不數里危坡直上如
猱升如蟻旋百盤折乃躋絕頂是為鳳嶺又曰
嶽鸑鷟山巨石上劉鳳泉二字蓋鳳泉源也嶺上有
朝陽寺萬峯環峙若拱若揖若搢圭若倚劍又
若蹲師伏象猙獰恐人或危峯獨尊色裹群巘

或孤阜特立不相比附令疋大山宫小山小山別大山始歎古人體物至工下字奇塙如此天風廻薄萬竅怒號此身飄飄疑簫雲而上回望中原渺隔煙霧矣下坡過新紅鋪又數里為鳳留關有坊曰古廢邱關午飯于三岔驛自茲以西路稍平忽溪流斷路人馬履危石上行以石竇乳滴下凝氷琤瑽如戛寒玉過舊鋪八里鋪七星洞行三十五里次南星驛為留壩廳轄地

初四日乙丑出南星驛西南行三里經黃家壩

一里為陳倉道口有岐路在西北山下坳中古陳倉道也又西南有連雲寺十五里經榆林鋪三里經包山灣灣後有居民禦賊土寨渡野羊北河河源出紫柏山陰西北流經陳倉口陳倉溝水自西來注之水道提綱謂出松林驛東南山蓋即紫柏山也土人但稱為野羊河提綱以武關河為野羊河以此水為野羊北河以其同出一山也過松林舊驛又南為高橋鋪涉水而東約四五里登柴關嶺磴道一綫繚曲往復上下

十餘里下嶺爲廟臺子相傳漢留侯辟穀處有留侯祠在紫柏山椒頗壯麗冠蓋往來候吏輙于此量頓祠後山亭翼然磴道百餘級拾級而上爲授書樓有黄石公象蓋羽流傳會耳按紫柏山華陽國志寰宇記皆作紫柏坂一名龍如山工有七十二洞栖真者多居之山產靈藥有底壽草者道士以之貽過客祠內石刻多過客留題之作出祠東行石壁蒼秀刻高尚神仙四字乾隆中李文漢書又數武有翠屏仙隱四字前

明褒令朱聖聞書其地峯巒奇秀紫翠交錯萬山叢薄中得此好林泉駐馬瞻眺幾不忍去又東經東木欄廳西巨鎮也又東經桃園鋪亂石鋪小留壩又十里次留壩廳治同知文麟字心存漢軍廂黃旗人出郭來迓旋至行館久談知其先世李姓從龍入關入旗籍其後有以賈游浙者遂家杭州有屋在吳山麓大井巷與話里中事娓娓可聽自言官秦卅年老思乞休卜居西湖終老矣留壩在前明僅置巡司武駐廢邱關武駐柴

關
國朝乾隆十五年移漢中府通判駐今治
三十年分鳳縣地為留壩廳改為撫民通判三
十九年升總捕水利同知兼理鳳嶺紫關驛務
嘉慶十二年改邊缺從經略德楞泰巡撫方維
甸請也廳故無城嘉慶五年同知龍萬育築土
堡旋圮十一年始建磚城昔年川楚教匪之亂
廳當衝要嚴樂園三省邊防備覽詳言之矣
初五日庚寅晨起即行五里至大灘山勢屛展
中有平沙石壁上豁然平曠四大字亦朱聖闡題

五里過畫眉關險峻與柴關埒關下為青羊鋪
折而南渡青羊河一名留壩河源出廳西南光
化山東流合東西溝水經焦岩鋪入紫金河紫
金河古褒水也又三里復折而西登新開嶺椎
鑿山骨自闢蹊逕下嶺折而東為青龍寺山勢
復開拓原田每每民居縛茅以居者相望桑柘
梧竹左右交蔭尤多漆樹殆饒生計又數里登
八里關亦險峻沿山曲曲折而南道左有石碣
大書褒斜二谷相接處道光二十二年留壩

廳同知善化賀仲瑊刊記又折而東五里登武關即古武休關紹興三年吳玠敗金人于武休關嘉定十二年金人攻破之紹定四年蒙古拖雷攻武休關生山截焦巖出武休關端平三年蒙古攻武休關敗都統李顯忠軍關踞山巔劈山成路寬廣丈餘屯兵戍守為天然阨塞矣下山為武關驛飯焉出驛東渡武關河河廣且深澄泓瑩碧蓋古仇池水水道提綱謂之野羊河水經注褒水又東南逕三交城城在三水之會

故也一水北出長安一水西北出仇池一水東北出太白山是城之所以取名矣賀仲瑊廳志攷三交城所在以此水為仇池水其辭甚辨褒水今名紫金河今武關河入紫金河與水經注合渡河折北又折而東南入褒城縣境上倚絕壁下臨湍瀨所過鍊佛殿焦岩鋪並林箐茂密古藤纏石脩篁蔽天白天蓬蓬時吐巖脅飛瀑濺雪如拖天紳緣厓上下羈綳[illegible][illegible][illegible]馱鈴郎當與水聲相亂也三十里經武曲鋪二十里過

樊橋橋無梁柱以鐵索密排置兩崖上覆以板踏之動搖有聲過橋即馬道驛縣北有馬道山馬道水出馬驛以之名旅舍湫隘屋後臨大溪溪響舂枕令人無寐

初六日辛卯發馬道驛微雨十五里過仙人溝石徑礫砢泥滑窘步飯于青橋驛輿夫欲止焉余以諸幕友皆前發仍趣之行十里經觀音碥漁洋詩注云舊名閻王碥賈中丞改今名壁上有宋荔裳賦棧道平歌沈繹堂書賈名漢復陝

雨迴撫曲沃人宋詩嘗于安雅堂集中讀之雨
（旁注：棧陝精爛石閣道自山達寶雞凡九百五十里又有奇旁置閣楯行旅稱便今閣楯無復存者）
中泥滑不得下輿一觀危厓峭壁羅列如屏障
或巨石橫出欲壓人頂青泥盤十步九折洵不
虛也又五里上七盤嶺即方輿勝覽之五盤嶺
雨益甚路益奇險石壁鐵色槎枒插天四山飛
泉得雨爭出溪流益壯若萬馬奔湊天已暮籠
燭行數里隨行者皆失道余與內子兩肩輿屢
顛蹶經山腰一小村落問之為麻坪寺荒村無音如是
不知是麻坪之寺也借王姓人家屋數間憩焉雨猶未已
（旁注：偕二健徒步）

主人燃火煮粥，聊得一飽。然念先行人過雞頭關，白無恙否？輾轉不成寐。誦歐陽詹《棧道銘》，猶覺肖物未工，摘詞苦險。

初七日壬辰，黎明雨止，趣行四五里，達雞頭關。明季賊犯漢中，官軍斷棧道守此關，賊不得前。孫樵所云「陟雞幘之蹇嵯，下七折之峻阪」也。初行半山，仰見雲氣滃勃在山頂，盤折而上，身漸入雲際，比登山巔，雲轉在下，俛視一白，不辨崖隲。凡七里達關門，下瞰褒水一綫，環帶山麓，至此真去天尺五矣嶺上有關神武廟廟側有果親王詩碣又棠崇雅頌賈中丞修棧道詩石刻更上一廟土人奉所謂白石土地者夙著靈異祈者報者輙刊一二尺許短碑或峙路隅或嵌山脇鱗次櫛比以千百計不知何自始也下山凡八里午刻入褒城縣治盖至此出褒谷行盡北棧矣有以漢司隸校尉石門頌魏正始元年石門銘及題名十餘種索售者皆新拓本留之既摩崖即在今雞頭關山下非今日孔道惜

不得一往觀也是日以人馬並憊遂止宿焉知
縣余紹僑字濟臣武陵人來知自言嘗在浙候補十年後改
官入秦者縣署偏左一碣曰漢隱士鄭子真故
里善化賀仲瑊刊記作芝軒文書寄漢中
初八日癸巳出縣西門道皆平夯望西北諸山
有種積雪縣南四里有沔水水出略陽縣東狼谷
中亦曰沮水闞駰曰以其初沮洳然故名南流
經寧羌褒城又東南至南鄭入于漢褒水至此
亦南流合沔水入于漢又縣南五十里飯于黃

沙驛水經注漢水南有五大溪溪水側有黃沙屯蜀漢建興九年承相亮圍祁山十年勸農於黃沙作木牛流馬即此地二十里經沔陽舊城今名舊州鋪舊志以為漢縣治此隋省方輿紀要辨之謂是城蓋宋齊間所置十里過新街廛市穀賤不似山城荒辟又十里次沔縣縣令朱若卿祖綬江山人以恩貢教習知事縣來秦曾權華州知州今年六月來攝縣事質實耐勞若具言縣自同治初遭石逆黨與藍大順蹂躪城

把官署燒官私困之不得整理僅假書院為官
衙城西北諸葛武侯祠旁屋為過客傳舍所居
為抱都山房瞻拜武侯祠像規制宏麗光緒五
年署陝安道勞文翩重脩七年陝安道張端卿
更于祠後築石堤三十丈以禦江漲有詩紀其
事祠後為琴臺光緒二十二年漢中知府劉本
植為文記之石琴一相傳是侯故物上鐫章武
元年四字真贋未可辨要自人心思侯于琴焉
寄之耳蜀志景耀六年春詔為亮立廟于沔陽

襄陽記武侯初亡所在各求為立廟朝議以禮秩不聽百姓遂因時節私祭之于道陌上步兵校尉習隆中書向充等共上表請立廟沔陽而斷其私祠以崇正禮從之而方輿勝覽以為李雄稱王始為廟于少城内桓温平少城獨存孔明廟祝穆所稱與襄陽記不合疑記説差可信琴臺面沔水對峙即定軍山侯墓在焉墨娥漫錄云武侯壘東南有定軍山入山十餘里有武侯墓即此祠中碑刻甚夥有唐貞元二年蜀丞

相諸葛忠武侯新廟碑銘山南西道節度行軍司馬檢校尚書刑部員外郎兼侍御史沈迥撰節度推官將仕郎試太常寺協律郎元錫書餘多明代及國朝人詩刻不足錄者

初九日甲午黎明趣行循沔水南岸而西三十里渡水至北岸坡陀漸高山趾戍削有欹仄處然以視前三日行襃谷中夷險判天壤矣十五里午飯于蔡壩飯後行渡漾水水出嶓冢山東南流入沔水合而東爲東漢水即禹貢嶓冢導

漾之漾也十五里經青羊驛驛東西皆多稻田
高下鱗次蓄水相注並山人家環植桑竹蕉饒
梧桐枇杷椶櫚之屬重巒複嶂煙靄明滅樵歌
入雲遠近相荅恍若置身橫山桐隝中也又三十
里次大安驛舊有大安關即故三泉縣地唐武
德四年分利州綿谷縣置南安州領三泉嘉平
二縣八年以三泉屬利州宋至道二年建大安
軍旋廢紹興三年復置大安軍驛之名蓋以此
地為寧羌州屬凡自蜀入秦入隴者由此分道

知州袁啓鈞為置頓于此防營遊擊淩玉林來迓四川利賓縣人（袁字杏初濟南府人）初十日乙未晨起微雨行十里經列金壩二十里為寬川鋪皆行山磵中又五里入五丁峽亦曰金牛峽古稱金牛道為今之南棧即秦惠王入蜀之路山勢奇險緜亘數十里蓋即嶓冢山後人去古名從今名耳按嶓冢有二一在秦州西南七十里一作九十里西漢水出焉水西南流經西和縣成縣階州入略陽縣境為犀牛江

又南流經寧羌州東而合于嘉陵江一在羌寧州東北四十里即禹貢之嶓冢漢水出焉水東流經沔縣及褒城縣南又東南經漢中府南又東經城固縣及洋縣南西鄉縣北又東經石泉縣南折而南經漢陰廳紫陽縣西復折而東出興安府北又東經洵陽縣白河縣北入湖北鄖陽府界俗即謂之東漢水矣漁洋辨漢沔同為一水當先明嶓冢之有二山持論明晳胡朏明齊次風兩先生書尤詳案常璩之誤不待言矣

漾水流極弱合沔而始大入漢而益盛灌輸千數百
里至翼際山乃合大江余昔年嘗從漢中興安
鄖陽以達漢口是漢之委今行金牛峽中得知
嶓冢山漾水是漢之源也峽中奇石林立高入
霄漢漸進漸狹森森作寒雖逢晴日曜靈匿景
矧入漏天為之慄慓人馬行水石間石狀多獰
惡直上十五里為五丁關由關而下路稍平或
石戴土或土戴石窮岷無生計倚山為活燒榛
研畬墾治磽埆岩腰嶺脇但得尋丈土鉏闢略

盡層累斜上直至山頂悉蓺蔬果之屬茅舍三五婦子雞犬熙熙相樂不復知世外事何嘗非懷葛之民耶將出峡山勢復偪束峭壁四合疑若無路迴溪數折乃更廓豁澗果垂紫巖藤織翠又别易一境界矣午飯于滴水舖飯罷行坡陁平衍間有水田二十里過柏林驛又十里次寧羌州州古白馬氐羌地漢為武都郡沮縣地晉因之後魏屬東益州盤頭郡後周為長舉縣地屬華陽郡隋大業初屬順政郡唐亦為興州

長舉縣地宋因之明初置寧羌成化間改置寧羌州　國朝因之舊無城乾隆間始建袁知州來為袁文誠族姪隨文誠營中久官秦已將四十年矣

十一日丙申雨未已趣行雲氣塞山谷行溪澗中殊苦犖确三十里飯于田水鋪復冒雨行石徑泥滑輿夫屢顛躓數渡河水皆支板為橋劣容一人又動搖不堅實余肩輿過一橋板墮水中輿夫顛焉昔人徒杠輿梁農隙興作用便行

旅亦王政之一端今以兩省孔道商旅纚屬而橋梁津渡苟簡乃余爲之（何耶）雷數五里經牢固關寰宇記百牢關在漢中郡西縣西南隋開皇中置以蜀路險號曰百牢或曰其地有百牢谷故名按隋大業初改西城縣爲西城縣唐宋元皆因之後省盖即今沔縣地牢固關疑即百牢關之誤谷與固又土音傳訛耳兩壁對峙鑿石成路傾仄可怖漢江水流其間爲入益昌要道十五里經黄壩驛又十五里陟閔家坡滑澾不受

嶺磧崖仄磴步步皆危機又五里上七盤嶺始入四川保寧府廣元縣界自昔為秦蜀分界處嶺上有七盤關舊稱奇險道側一碑上刻小心移步四字乾隆元年四川巡撫（乾隆初四川設巡撫無總督）楊□（此字漫滅）立咸豐癸丑廣元知縣朱鳳標脩路自七盤嶺至飛仙嶺止凡懸崖絕險處纍石為垣加三和土築之以衛行者至今土尚完整誠惠政也朱君字帖舫蕭山人文端公弟官蜀有循聲嶺顛下瞰嘉陵江纔窄窄如帶石磴泥滑

前後牽引僅免傾跌下嶺尤慄慄若隊深谷次教場壩已昏黃矣投裝倦卧夜有微雪

十二日丁酉發教場壩天色晴爽望諸山皆有積雪登一高嶺土人呼為木寨子十里經轉斗鋪又十里為鍾子堡皆緣崖闢徑下臨深潭蓋潛水也水出縣北一百三十里之木寨山經神宣驛又南二十里經龍洞口至朝天驛北穿穴而出入嘉陵江午刻次神宣驛驛有巡檢司袁鈞昌黎人來謁蓋兼管驛務者飯罷西行十里

過龍門閣今稱為龍洞背亦名葱嶺劉澄之梁州記葱嶺有石穴高數十丈其狀如門俗號為龍門者是也兩山相距徑路欲絶一山突起横跨其間下有洞若城門奔流穿〔澈駛〕洞門而過人踏龍背行凡數十折懸絙而升羣峯刺天具種種變相先伯祖曼雲先生硯壽堂詩云一龍奮鬣騰天門兩龍挾之怒不犇之而拍張風雨急白日晦[illegible]〔冥〕千山昏飛雷穿脇成巨壑亂水百道饞涎噴狀此山可謂奇肖約二十里許乃盤折而

下望潛水入嘉陵江處混茫一碧夕陽照之蒼然淩萬頃矣次朝天驛相傳諸葛武侯出師駐此唐宋以來皆名籌筆驛云有朝天古渡即潛水所經也廣元知縣趙君笠珊名惟新江西人來迓笠珊為芝珊編修之兄官蜀久矣蔣縣丞元英持任逢辛同年書至有所干余笑謝之夜月皎皎與前一月宿樊橋驛情景相似念大兄及鑑兒在京師五弟由京師還蘇州相別遂已六十日客愁鄉夢左右振觸不能已也

十三日戊戌晨出朝天驛西登朝天嶺嶺極險
峻自朱帖舫大令後備（鳳樓修）治後伐石成道履如康
莊嶺之巔為朝天關俯臨江西岍石壁千仞其
下灘石鑿鑿激湍飛雪估船三五沿緣溯洄昔
漁洋兩記皆汎舟江行以達閬中所謂履險（俺）鞍
馬即次亦稱適者實則山行所歷奇境畫筆不
能到視舟行為勝矣上嶺凡二十里岩壑窵窱
草樹蒙茸山色蒼秀都無復獷氣下嶺凡五里
飯于望雲驛或謂之望水鋪又西行三十里陟

飛仙嶺峻峭不遠朝天而頗多奇石雖不能透
略具皺瘦之致下嶺循江東岍行十五里經千
佛崖石壁鑿慈氏象飾以金碧莊嚴妙相不可
端倪蓋始于唐開元四年西州節度使韋抗崖
上有抗題名其傍多宋元人題名及讚佛石刻
可數十種過騎息迫僅十瀏覽當徐覓氊椎盡
拓之五里抵廣元縣游擊卞國昌千總馬德貞
龔向委員大挑知縣陳培倬訓導曾省吾出郭來迓
行館在西關外趙笠珊大令來卞陳曾均來署

多至百千萬億
利
刺
蘇頲為作利州佛龕記
國朝知縣張企豐重修

中經制承差等奉吳杉香前輩命來迓循故事也

十四日己亥自廣元縣西行二里有烏奴山壁立江滸晉宋間有李烏奴者據此作亂因名二十里皂角鋪二十里榆錢鋪入昭化縣境渡桔柏津方輿勝覽作桔柏潭又謂桔柏渡即白水嘉陵二江合流處白水江自陝西文縣東流經龍安府青川所入縣境東南流至縣東三里合嘉陵江宋末蒙古渡嘉陵江至白水造浮橋以

濟進次劍門即此城地水經注白水出臨洮西南西傾山東南流至葭萌縣北因謂之葭萌水今昭化縣漢葭萌縣地也津渡不甚廣舟不張帆船頭施六橈頃刻達岸五里入昭化縣城知縣姚汝翼佑民江西高安人丁卯舉人大挑知縣來迓請今日宿此余以趂此晴日不欲為遄延之役將馳抵大木戍宿其地山村僻陋但得脫粟一飽短榻美睡一切苟簡無傷也午後趣行登天雄關極陡峻又二十五里過白衛嶺嶺與劍門山相聯屬

唐元宗幸蜀時嘗登此又十里次大木戍地當四山之中自闢一村落有山突起孤峭俗謂之人頭山其傍小峯十數若經鑱削不完具者然先大父大木戍詩所謂破碎山無狀也唐長興初孟知祥董璋謀據兩川命石敬瑭討之敬瑭入散關前鋒將王元贇引兵自白衛嶺人頭山後過小劍路還擊劍門即此竟日山行而嘉陵江時時在眼江流屈折隨山勢而轉錦屛曲曲奚翅望衡九面層巒皺黛江光若練近江平曠

處白沙翠竹罨靄村舍秧田蓄水明若方鏡吾
家道元畫本尚恐未極其妙劍州知州趙仁詒
遺遣人置頓于此
十五日庚子黎明起微雨辰初刻行下山五里
為孔道新未詳地名緣起疑曩日平治道涂者
錫此嘉名又五里架梘溝蓋閣道飛梁架木之
遺址又五里高廟舖危坡崎嶔登頓上下不可
數計二十里為誌公寺五里達劍門關在大劍
山上亦曰劍門山山古之梁山山海經高之梁

山西接岷峨東引荊衡即此蜀漢時置閣尉歷代皆為戍守處唐始置關其東北為小劍山兩山相屬李德裕劍閣銘羣山西來波積雲屯地險所會斯為蜀門層岑峻壁森若戈戟萬壑奔東雙飛高闕翠嶺中橫黯然黛色數語足以稱此雄奇矣昔時鑿石架梁飛閣成道累代平治行旅稱便長溪危石徑路絕處悉以通橋曰通險曰太平曰劍安皆　國朝官斯土者所經營也初入山便鐵壁寒色不敢偏視或奇石橫路如

來攫人又有巨石廣數丈者中間包裹細碎石至無筭數若搏埴以成者西人謂此種石為最古之石其在洪荒以前禹蹟未到時乎五里飯于劍門驛入劍州境雨止又西南行十五里為青樹子五里為天生橋兩山夾峙平岡通之有若橋然中一石坊上有天然圖畫四字五里為漢陽鋪縣有漢陽山或即以名其地歟接州東三十里有漢源坡舊置驛坡上後唐長興初石敬瑭遣王宏贄從小劍出漢源驛攻破劍門宗

乾德三年王全斌伐蜀蜀將王昭遠引兵陳漢源坡以今道里計之地望相準或即漢源坡之音譌耳十里石洞溝十里抄手鋪二十里渡聞溪溪水源出五子把寨二山合流經此又東入嘉陵江石梁跨溪上溪流窄窄可攝衣經涉暮入劍州城知州趙仁詒來謁字念劬陽湖人雲松先生元孫也學正張鵬字松岩彭縣人訓導胡作藩介仙合州人踵至。

十六日辛丑晨出劍州西門十五里過青涼橋

十里為涼山汛十里為讀書臺相傳黃文叔讀書處又十里為柳池驛飯焉舊名柳溪驛驛傍有跨鶴山又三十里為武侯坡土人云侯嘗駐兵于此坡頂立廟以祀侯云下坡五里次武連驛宿故武連廢縣也劉宋時置武都郡及下辨縣于此齊因之梁改曰武功縣置輔劍郡西魏改郡曰安都縣曰武連隋初郡廢縣屬始州唐屬劍州宋因之元廢明代置驛于此今市廛尚整齊自劍門以東至此一百八十里中柏冢多

湯山徧谷所在皆是奇狀殊態不可端倪其尤古者質如堅金色如醫石或橫枝突怒斜穿別峯或危根虛無自掛絕壁至若平岡萬株濃蔭夾道（路）掛絕壁一碧無罅日色不到舊有翠雲廊之名洵不虛也人行其間襟袂皆綠奇響乍弄空香欲流眼中未見此段奇欲鍛奇句正苦體物難肖明正德中知州李璧嘗於農隙課民種樹由劍州東南至閬中西南至梓潼夾道數百里種柏數十萬株民感其惠相戒翦伐見方[illegible]旌二賢祠碑記

十七日壬寅晨出發武連驛天陰寒急料峭風振林木十里渡小潼水抵瓦子壩又十里爲演

武鋪方輿紀要作演兵壩舊傳姚萇冦蜀嘗演兵于此又二十里午食于上亭驛驛為唐置一名郎當驛明皇入蜀過此雨中聞鈴聲處見鶴林玉露二十里又七曲山有石坊一上書七曲山九曲水文昌聖境十字山巔有文昌宮嘉慶間川楚教匪之亂攻梓潼縣神助兵威賊驚退城獲全將帥以聞大特頒御書化成耆定扁額文昌神升為中祀典禮視關神武始此舊例學使者過此必入廟下輿行禮畢即行風益料

始列入祀典咸豐初

瞻拜

峭且有微雪行二十里入梓潼縣城知縣桂君梁材字梓伯昆明人丙子舉人丁丑進士以刑部主事改官補是縣來謁齊年之誼人極温雅治縣頗勤興義學練鄉團立三費局章程具有條理

十八日癸卯晨起風未已寒甚行五里渡潼江即梓潼水也源出馬閣山南流入潼川府鹽亭縣境下流入涪江又五里過長卿山相傳司馬相如讀書于此舊名神山唐元宗幸蜀經此更今名又十五里過板橋十里過石牛鋪至是道

始平坦三十里抵魏城驛宿舊為涪縣地西魏析置魏城縣屬巴西郡隋郡廢縣屬緜州唐因之後唐同光四年李繼岌滅蜀還至武連李紹琛將後軍至魏城宋仍屬綿州元至元二十年省明設巡司于此今為典史分駐兼驛丞事鎮隘小無行館假典史署居之典史王浩山西靈石人自言數世官蜀其五世祖從征金川有功者也

十九日甲辰天色晴爽行三十里為沉香舖五

里經蔡家壩十里炕香鋪十五里仙人橋土壤肥沃田皆蓄水蜀人稱為冬水萬頃明澈萬〔如〕鏡齋開蓋傍山為田高下若梯常以冬月蓄水晴久則高田先涸乃自低田挽水上灌之五里渡涪水水自劍州流入境經彰明縣西又南流經州城西繞流于城東南入羅江縣界又謂之綿江望綿〔入州城內行館〕州城郭如畫羅江東詩澹煙喬木是綿州景物逼肖昔先大父有綿州道上詩云此來非想亦非因竟作東西南北人候□吏湯勞開

舊館綱官聞已渡前津朝天路熟曾三過賀歲人情又一新喬木滄煙何處是緜陽河柳正溼春自注云資灌雅在蜀之東西南而緜則在北也懷仰前徽欷歔蜀州舊有越王樓唐顯慶中太宗子越王貞爲綿州刺史日建杜工部越王樓歌緜州州府何磊落顯慶年中越王作孤西北起高樓碧瓦朱甍照城郭李僊詩越王曾牧劍南州因向城中建此樓橫玉遠開千嶂雪暗雷下聽一江流按貞刺緜州本傳失載可以

補史之闕今樓址亦無可攷矣

二十日乙巳出州西郭門五里渡安昌水一名龍安水自石泉縣東流經安縣北入州境經州治西北三十里有横山渡又東南入于涪水志云巴字水在城西四里涪水自北經城西折而東南安昌水自州西繞城在東南滙于州南芙蓉溪成巴字形每江漲登高望之天然甚肖十里經石橋鋪二十里經鍾陽鎮唐景福初洋州帥楊守忠侵東川趨綿州西川將李簡敗之于鍾

陽是也二十里爲雞鳴鋪十里午食于金山堡舊有驛今廢又三十里過太平橋入羅江縣城縣故漢涪縣屬亭地晉末置萬安縣屬梓潼郡梁末移治潺亭改潺亭縣西魏復曰萬安置萬安郡隋郡廢縣屬綿州唐因之天寶初改羅江縣羅江在縣治東右水自安縣來即安昌水左水自綿州來即涪水合流南經此方輿勝覽以二水相蹙成羅紋縣因以名亦謂之紋江此鑿說耳知縣蔡承雲合肥人

和志作石亭江在府西四十里[illegible]

二十一日丙午晨行十五里為白馬山有白馬
關唐時設關于此明初置巡司今久廢山與鹿
頭關相對唐置鹿頭戍見唐書地理志元和郡
縣志山至險峻仄徑才容一車其下為落鳳坡
龐靖侯祠墓在馬五里渡綿堰河蓋綿陽河之
誤河自綿竹縣流入境繞城而南至漢州與石
亭河會行五里過仙人橋十里為牛耳舖五里
為三造亭又五里入德陽縣城嘉慶間先叔曾
祖秋樵公嘗知縣事有惠政武進李申耆先生

撰公家傳盛稱之午飯罷行二十里經大漢鎮十里渡石亭水自什邡縣來經綿竹縣境又入德陽縣境與緜陽河會十里過白魚橋十里為沈犀橋十里為金雁橋皆壯麗上覆瓦屋兩旁列肆如市廛為省所罕覯也入漢州城宿是日署中經制承差諸色人等始來執役盖余自廣元縣即郤之至此距省城近迎者絡繹始令來伺應也得吳杉香前輩鍾渠菴丈花兆禺内弟[illegible]書

二十二日丁未黎明即趣僕御遄發一里經房公湖唐房次律西湖也放翁房相西湖詩所謂遶城鑿池一百頃島嶼屈曲三四里湖久廢雨後積潦微風盪波蔬蔣蕭槭稻田縱橫瀨動又江湖之思一里為西城橋五里姚景橋十里為藍家店五里為彌牟鎮舊名八陣鄉有武侯廟益州記彌牟鎮有八陣圖按成都圖經八陣所在凡三在夔府者六十有四方陣法也在彌牟者一百二十有八當頭陣法也在棊盤市者

成都之初余元煜琨庄華陽之初繆延祉雲孙来迓李少蘭葉子大二更後来

二百五十有六下營法也五里過王稚子墓墓前石闕二具在惟字皆剝蝕落欲得舊拓本殊不易覯五里過獨橋十里過永清橋午食于新都縣知縣宋君萬選字子青余丙戌同年生也子長弟社齋姪來迓必坐而別飯罷行十里渡毘橋河河源出灌縣下流入金堂河或云湔水之支流也舊志懷安軍有中江合漢州彌年水雒水毘橋水會為一江盖即雒江矣五里經天迴鎮十里為將軍碑五里至歡喜庵有省城官吏來迓小

憩茗話昔　先曾大父有自歡喜庵至昭覺寺詩[illegible]先大父過此[redacted]原韻題庵中壁間余忽遽過此未克敬步後為之慚悚五里過駟馬橋五里為迎恩橋省中火吏自閬松將軍蔡壽夏琅溪軍門以下皆來迓茗話下刻許遂入城道中遇移香前輩芸子山長同年皆來迓薄暮入皇華館乍鮮行幐而酬酢雜沓自茲殆未免塵容俗狀矣

# 使滇紀程一卷

# 使滇紀程

上

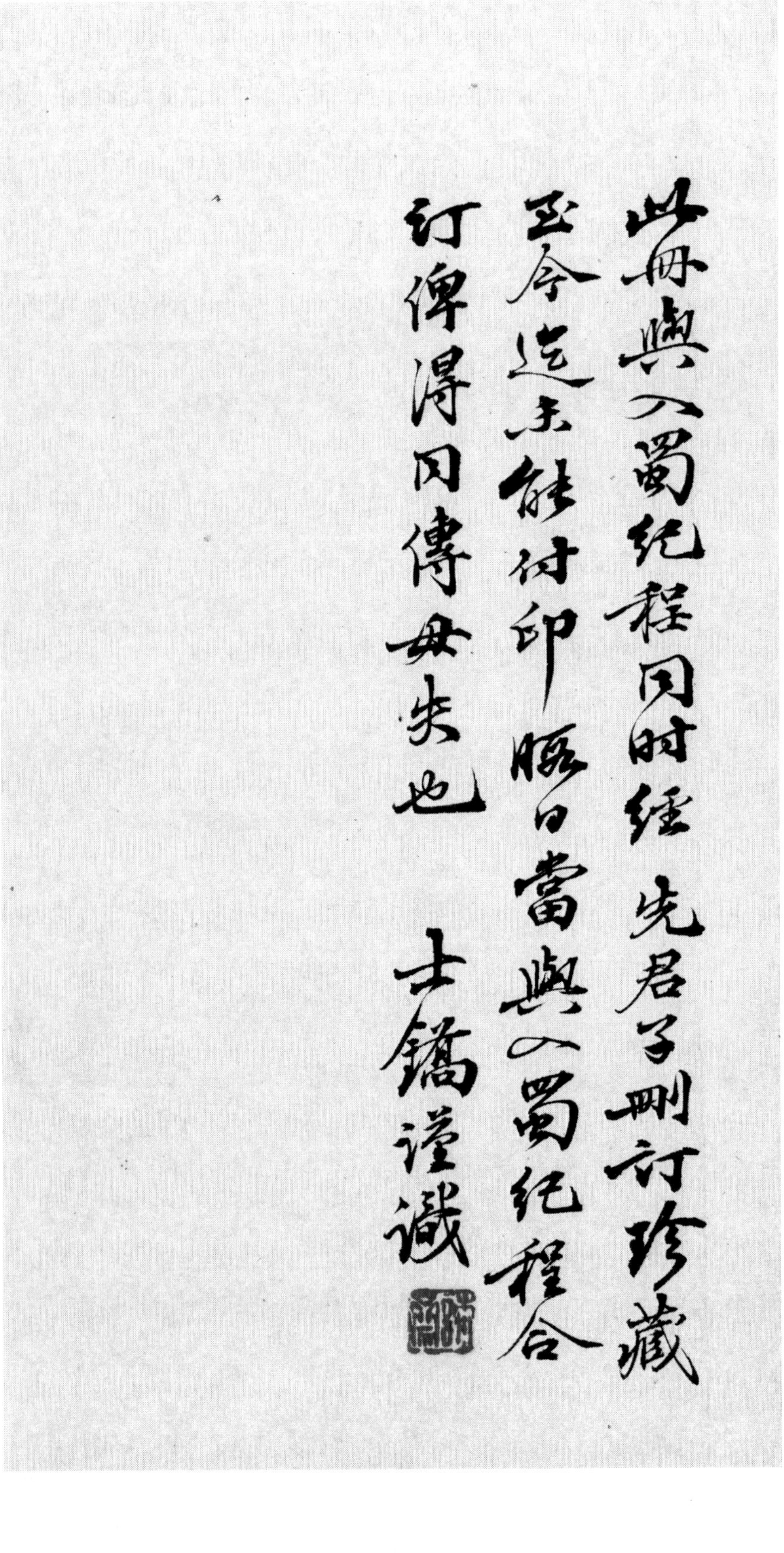

此冊與入蜀紀程同時經　先君子刪訂珍藏
至今迄未能付印頃日當與入蜀紀程合
訂俾得同傳毋失也
士鑑謹識

光緒二十有九年癸卯舉行
萬壽恩科閏五月初一日奉
硃筆圈出雲南正考官著張星吉去副考官著吳慶
坻去欽此
是月十三日起程　先二年雲貴兩省考官由
行在簡放電傳京師貴州正考官呂佩芬副考官華學
瀾皆留京未隨扈五月由京乘生〔汽〕火車至保定府再行馳
驛次年壬寅順天鄉試考官等由京師赴河南省城亦
生〔汽〕火車今年會試總裁同考官等亦如之是為考官出

京坐火〔汽〕車之始雲貴兩省皆遑遠雲南驛程八千數百里時當盛暑徃徃行至湘黔山中風雨阻滯迫促倍於他省因言之同差張翼辰同年亦擬[redacted]〔援〕例坐火〔汽〕車至正定府然後照例馳驛猶豫未決而貴州考官李君哲明劉君彭年亦持此議遂詢謀僉同十三日丙申黎明即[redacted]〔運〕行李派僕從先赴火〔汽〕車站卯正刻乘肩輿到〔至〕車站翼辰已先至[redacted]〔王〕同伯表兄葉揆初表甥皆來送晤錫清弼制軍時奉

命赴河南查辦事件亦由〔乘〕火〔汽〕車[redacted]〔逕〕赴順德也旋登

頭等客車左子異京卿孝同查澄川人洪與揆
初均登車話别同伯未登車而歸辰初二刻車
将發矣而于晦若前輩[redacted]來隔牕立談数十
語車即開行晦老措别而去半年共事[redacted]誼相
洽别頗惆然車行迅疾過順治門指西南行遥
瞻
萬壽山宫闕高出雲表睠[redacted]直廬益深依戀西山
蒼翠層嵐相[redacted]過盧溝橋昔下兩歳行此鐵軌
尚未成也過定興徐[redacted]生來言其兄梧生以病

江陰五字小字双行

未能來贈以茶食融生去車即開行車中熱甚午正二刻抵保定府停車鐵寶臣侍郎良楊蓮府廉訪士驤來金蔚堂銓亦送來申正刻抵正定府江蘭生文遣僕來以方扃門試士[redacted]也尋入城以龍興寺爲行館憩於方丈董鎮台履高字卿之高大令維敬字誠齋江蘇江陰人均來遣僕持柬荅之江文處并送劉性庵所交之函亦託備夫馬也晡時稍涼與冀辰散步寺中摩挲龍藏寺碑徧觀寺中諸殿宇憶余自同治甲子隨

此詩移後

奉○命云云另一行 令空二格

華髮以下提行

侍

先大夫入京師始到此寺丁卯重過之丁
酉使蜀又過之今四次矣四十年陳跡幾變滄
桑垂老重為萬里之行不能無勞人之感夜月
皎皎獨步庭廣念大兄[redacted]病頗以余遠使為戚余
亦甫聚半年[redacted]別離彌難為懷抱也
奉命典試雲南出都門作華髮年來已滿[redacted]參豈
期乘傳采南琛十科取士須新令六詔宣風有
嗣音罽狗醽鷄[redacted]文字蠻花犵鳥付謳吟朋交
漫為勞人惜老鶴猶懷萬里心 三宣六慰靖

邊氛累代天弧大策勛鐵壁雄關空抗塞銅山
新廠[redacted]紘異時功罪多苛論絶代輶軒證佚
聞徃哲流風銷歇未南園忠直荔扉文
十四日丁酉寅初刻行秉炬出城六里天明抵滹
沱河面不廣舟渡不及一刻許過河經高家營
十五里飯于二十里鋪翼辰轎上短桿[redacted]壞不
能用乃乘馬來此地向無供張就逆旅小憩食
饍一飲綠豆小米粥一盂翼辰以待轎桿屬余
先行二十里過瑞河二十里抵欒城縣南關外

雲南五字
小字雙行[illegible]

宿知縣張源曾號懷初（雲南太和人）以迴避拒
不見時方卓午旅店湫隘意殊煩苦轎中讀蘓
文忠詩至浰陽早發和子由作云富貴本無定
世人自[redacted]榮枯囂囂好名心嗟我豈獨無不能便
退縮但使進少徐見道之言寔獲我心是日小
暑知縣吳國棟號遲雲湖州歸安人
十五日戊戌寅初刻行四十五里趙州繞城南行
望雉堞皆頹壞人煙荒落五里大石橋飯橋名
安濟跨洨河上宋咸平五年漕臣景望引洨河

自鎮州達趙州以通漕昔為[redacted]巨川今窄窄如帶耳橋南有關神武廟高閣翼[redacted]其下有明崇禎間碑記言隆慶某年大水壞民田廬神顯靈[redacted]水驟退始立廟云聞近年遇大雨盛漲行旅艱阻洨河出井陘山中自欒城縣流入境下流[redacted]甯晉縣入[redacted]葫蘆河今身淤塞下流宣洩不暢故旱則無水潦則為患知州吳國棟號雲庭湖州歸安人飯罷行十五里古廟口有金山寺不知其緣起七里古鄗城漢志鄗縣屬常山郡

武帝封趙敬肅王子丹為[redacted]侯邑師古曰鄗讀若
郭更始二年世祖擊斬王郎將李惲於鄗三年
世祖自將薊南[redacted]還至鄗羣臣勸進因即位于[redacted]鄗
南更名曰高邑為冀州刺史治今土人直呼為
王郎城矣三十里柏鄉縣宿南關外時已未正
赤日如炙逆旅尤隘蒼蠅滿室噉豆粥[redacted]小眠眠
起腹徹[redacted]痛服日本寶丹而愈柏鄉知縣周占
文號錦堂奉天人
十六日己亥丑初刻行夜月皎然平野如鏡殘梦

再續涼颸襲裾[redacted]初刻抵内邱縣飯于南關外逆旅飯罷行南風揚塵鬱蒸不可耐未正入順德府城宿南關外聞樊雲門前輩此將乘火車入都[redacted]遣僕[redacted]候少頃雲門來[redacted]談略知秦中近事余以都門近事告之臨别訂杭州相見之約順天府丞李木齋盛鐸送鐵牌至邯鄲亦宿于此薄莫聞鼓吹[redacted]則鐵牌行矣雲門旋以詩來余[redacted]詩[redacted]荅之旅店湫隘晚飯後稍涼爽與翼辰坐月下略談

順德行館至畣之易行字

倦極而卧雲門復以二詩來。順德行館喜[redacted]晤樊山前輩時方調浙臬由秦入覲樊山以詩來[redacted]依原韻二律[redacted]畣之

鋒車入覲繡衣華到處[redacted]籠詩費[redacted]壁紗夜看盧溝[redacted]主五月春留[redacted]韋曲萬千花傷禾碩鼠悲猶昔脫網[redacted]筅禽望正賒公入邇英敷奏切首將民隱達官家

辦嚴草草出東[redacted]華塵涴征袍疊雪紗已倦舞腰同驛柳重揩老眼看鑾花日邊赤緊雄封舊雲

使星提行

外牂柯驛路賒自笑津梁疲久矣總宜船上願浮家

坿詩　樊增祥

執盦老兄典試雲南遇於順德行館喜贈使星如月出京華六月黃塵襆帽紗綠螘暫同河朔酒碧雞遠賦日南花求仙東海謀真誤（談次及東洋事）踏雪西泠願豈賒（君約訪余杭州）此去荊門煙浪闊臨江草閣是吾家

子脩來詩期待甚厚再會

多收一行提行

世至五色 改作小字注

唐神龍至閣體 改作小字注

身騎騘馬入東華重對宮扉十扇紗

御稻少需春後雨苑荷還發劫餘花[redacted](賷)憐夷甫諸

人重(肇拳禍者非清談比)俗厭歐羅一味奢(今學西人者但學其侈)

日下學堂[redacted](根)本地好將忠孝荅天家

疊韵訓執盦老兄星使多收秋實屏春華[redacted]

不患鍾陵障眼紗世[redacted](傳)能次候典試梦人贈

眼鏡遂[redacted](迷)五色文變神(龍)當日稾[redacted](唐)神龍中尚

臺閣體士[redacted](如)天馬滿身花要知經術須儒者[redacted](莫)

倚縱橫是作家却指西湖為息壤與君畫地作

交賒
十七日庚子丑初刻乘月夜行官柳夾路清風徐
來三十里過沙河縣輿夫小休沙河置縣始隋
開皇十六年以縣南有沙河[redacted]名河名湡水
流經縣南又東南流入廣平府永年縣界湡讀
若容水經注湡水出襄國縣西山昔牛缺遇盜
于沙湡[redacted]閒是矣今河已湮而南行十里中皆
[redacted]沙輿夫苦之二十里搭連店二十里臨洺關
飯地屬永年縣西距縣治六十里隋開皇閒改

邯鄲縣為洺縣屬洺州唐武德初置紫州治[redacted]四年罷州以縣屬磁州五年仍屬洺州唐河東節帥馬燧自壺關以擊田悅于臨洺昭義帥李抱[redacted]軍於臨洺與王武俊會于南宮東南共救魏博御朱滔攻貝魏之兵皆即此地明置臨洺驛為磁州及潞安府孔道今有同知駐此知縣劉詠詩傳祁丙子同年遺人供張于此聞[redacted]地有冉子祠不及往訪飯罷即行南風彌厲黃埃漲天十五里過一村鎮為永年邯鄲分界處五里

盧生祠俗竟以黃粱夢為地名殊可笑祠前為呂祖閣後有盧生卧像壁間多詩碣知祠為嘉慶間百文敏公齡所建詩少佳者惟魏敏果詩四絶頗有見道之言閣[redacted]前有八卦亭亭跨池上左右皆菡萏田田滿池猶未花也二十里入邯鄲縣城典史蔣士瑋出北郭迓尋至行館來謁均謝之縣官則以送鐵牌未歸也自正定以北皆苦旱彌望無青葱正定以南麥苗芃芃離粮棉花可望豐收不知京師及近畿皆能更得

小字双行

透雨否在盧生祠問道士則云此間前月得雨今已匝月老晴仍盼雨也薄莫吳大令鴻祺來見知鐵牌送還龍井府丞已還京矣吳合肥人號少軒

十八日辛丑丑初二刻行微陰無月行十里許風起雲開復見月天明過車騎關為磁州屬境十里杜村下輿啜茗小坐即行自入州境夾道兩溝廣不盈丈上多蘆葦中或蒔稻間種蓮芡田疇交錯頗[redacted]資灌溉惜土風拙樸農具不良溉田

福建玉華人双行小注

之法并無水車兩人牽一繩繫[redacted]柳斗戽水[redacted]
之用力勞而為功罪[redacted]經十里鋪人家臨水大
似江鄉略約臥波朝曦掛樹耕叟三五荷鉏始
出田家閭適[redacted]之樂曾不知勞人之苦矣十里抵
磁州北郭外知州李兆珍（福建長樂州縣人癸酉
舉人）遣人來迓北關有樓額曰冀北屏藩道旁
有[redacted]刺史仰坡許公德政碑仰坡名之軾為蘭
伯丈長子官此頗有聲[redacted]今殁年餘矣睠言故人
車過腹痛是日宿滏陽書院屋宇整潔聞辛丑

相衛兩名改作小字双行

冬
兩宮旋蹕經此始修葺也磁州秦為邯鄲郡地漢
為魏郡晉屬廣平郡後魏仍屬魏郡後[redacted]置
成安郡隋初郡廢開皇十年置慈州大業初
州[redacted]仍屬魏郡唐初復置慈州貞觀初[redacted]仍
属相州廣德初復置磁州相衛節度使薛嵩
表置舊唐書磁州以地産磁石而名宋[redacted]曰
磁州[redacted]政和三年改為磁金因之元初陞
為隆源軍節度屬廣平路後復為磁州明初

改屬彰德府

國朝因之雍正四年改隸直隸廣平府時怡賢親

王興修水利因奏[redacted]陽河發源河南磁州

神麕山經邯鄲永年等縣皆資[redacted]溉近年磁

州壅閉上流以致下流諸縣不得沾潤[redacted]

以磁州改[redacted]廣平府則[redacted]河由直隸統轄庶

可均水息爭

[redacted]從之磁州改屬直隸始此借閱州志康熙三

十九年知州蔣擢脩同治十三年知州程光

瀅續修州北五里許有
御射亭康熙四十三年
聖祖西巡過磁州射柳發四矢皆中河南巡撫徐
公潮建亭樹碑記其事乾隆十五年九月
高宗南巡過磁州駐蹕亭下
御製七律一章知州某刻石建亭覆之城此有崔
府君廟問年讀廟記並瞻拜於杭州白馬廟
甲令得過此乃遣僕人往進奉香奈之適州西
諸山崖煤近甫用西[redacted]法開採陳孟威忠儀奉檄

主其事今年春[redacted]隨盛侍郎宣懷來此察看
不知近日采獲已著成效否
十九日壬寅丑正一刻行[redacted]往南關[redacted]大橋其下即
滏[redacted]水土人呼為滏河二十里江村五里渡漳
河天已明矣清漳水自山西潞安府流入境
又東至臨漳縣西合[redacted]濁漳河流甚淺舟亦
舩數十餘人於水中前後推挽之始行五里
豐樂鎮飯焉四十里抵彰德府北關外經安
陽橋舊名鯨背橋其下為安陽河可達天津

入運河有估船数十艘[redacted]北門宿於考
棚彰德知府善承字守來見官此已十四年
矣安陽[redacted]知縣姚禮坤以公事未[redacted]彰德[redacted]
為鄴都地自曹氏受封於茲三臺崇麗倏焉
灰滅其後石氏慕容氏高氏皆据此形便以
雄長中原唐之相州密邇三輔而安慶緒[redacted]
九節度之師田承嗣擅天雄[redacted]之力亦地勢
[redacted]也宋政不綱河朔淪弃元明郡縣綰轂幽
燕今則中外大通鐵軌四布巖邑形勝又不

足言矣
二十日癸卯丑正刻行涼月在樹平沙不颺十五
里魏家營三十里湯陰縣知縣陸爾塽出郭
迓字和鄉奉天錦州人尋至行館來見談次
知為李子和總河之甥久于汴者錫清弼制
軍昨日抵此甫行聞河南錢糧加價之案安
圃師已覆奏[redacted]遵
旨改歸舊章矣憩坐處為
演易書院相傳湯陰縣有羑里城紂四文王
于此故有此名飯罷偕翼辰詣岳武穆王

廟瞻拜殿宇宏敞石刻林立中有越南使臣
阮思僴詩碑思僴同治初奉其國王命來朝
[redacted]貢余嘗為李幼梅同年輔燿題其詩卷盖彼
都詩人也徘徊良久始去一里許過晉嵇侍
中祠晉惠帝永安初東安王越奉帝討成都
王穎穎將石超將兵犯駕於蕩陰嵇紹死之
祠祀至今不衰二十里宿宜溝驛湯陰縣地
所居行館屋宇精整丹雘猶新亦辛丑冬
鑾輿暫駐所也午刻微雨旋止盖苦蒸欝入夜復

雨
二十一日甲辰丑正二刻行雨後沙路微有積水[redacted]輿中酣眠比醒聞水聲潺潺則已至淇水上矣小憩于高村橋距宜溝驛三十里又行三十里抵淇縣知縣史坦衢悠履出郭迓下輿相揖導入城至蔡筠書院天復將雨遂止宿焉坦衢來談京師舊相識穆堂先生少子以中[redacted]保直隸州改知縣選得是缺[redacted]署內鄉縣事有善政以所刊菊潭驪唱見貽卽去

任內鄉時與士紳贈荅之作午後雨驟[redacted]旋放
晴薄暮大風淇故産竹而入境內不見竹大
奇殆亦樹蓺之學不講由少以漸至于無耶
用國地利物産日見衰薄殖民之術無人研講
求民日以困可為太息縣東北有朝歌古城
又相傳鹿臺鉅橋皆在此地
二十二日乙己丑初刻行星月在空不忍睡也經所
村落多不知名辰初刻抵衛輝府北郭外行
傍衛河估船[redacted]數十艓次煙際西距道口九十里也入西

門至考棚飯汲縣知縣鄢世仁出郭迓[redacted]
[redacted]衛輝相傳為[redacted]故都周滅殷分其地為
邶鄘衛今府東北尚有地曰邶城曰鄘城而
新鄉縣西南又有古鄘國城皆約略指之耳
城外有比干墓不及往謁已刻行二十五里
韓莊屯日午熱甚五里經一小邨落入茶肆
憩坐前行[redacted]僕以馬不良遲遲甫至十五里
駱駝灣循衛河行五里新鄉縣知縣魯恆祥
（號澤生漢軍正白旗人乙酉舉人）[redacted]

[redacted]容舍殊不潔[redacted]臭刺鼻蠅来嚼人
欲謀他徙更無處所翼辰家善睡乃[redacted]以為
苦[redacted]
二十三日丙午丑正刻行月色迷[redacted]道有積潦盖
新鄉以南得雨多也行經鐵軌敷設處工尚
未成二十里小冀鎮土堞環匝舊為大鎮今
頗蕭索輿夫以無車故憚於泥淖有逸去者

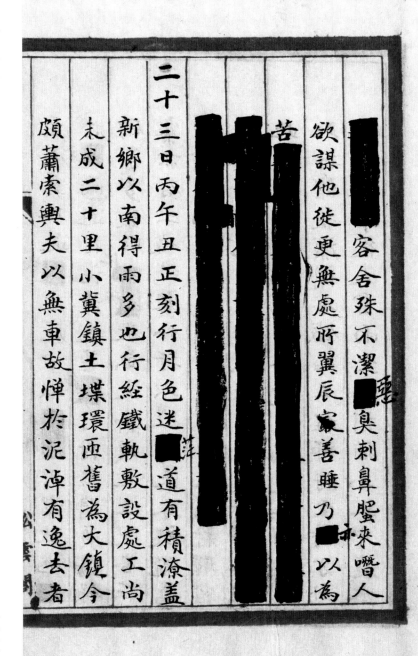

至小冀入逆[redacted]生庭中以[redacted]不潔故也[redacted]將[redacted]雨遂行泥淖更甚[redacted]行村落間廣場碌碡旁多蔬畦[redacted]數畝大柳環之五里杏莊寨亦有土城繞寨外行以避淖禾麥被隴萬頃一碧此邦樂歲可卜矣三十里亢村驛宿為獲嘉縣境西距縣城三十五里有驛丞驛此知縣胡嗣[redacted]貴州人號宗武遣人治具於此行館整潔聞有鐵路工程師將至時方赴新鄉也午後大雷雨至申刻猶未止中庭水

深尺許屋有漏痕
二十四日丁未天明雨聲浪浪起與翼辰商略行
止以此閒距黃河五十里中無村鎮可任宿
若渡河時風雨大至進退皆難擬俟雨止再
發而雨腳如麻雲低覆屋遂不果行與翼辰
縱談近二三十年來時局及庚子變亂事相
與雷歎翼辰頗究心本朝學派熟於唐確慎
學案[redacted]小識一書志趨卓絕闇修自得之士恨
鄙者固知之未深也宿亢村驛雷雨大作明

日雨不止將渡河聞河盛漲不可行翼辰有詩因次其韻

聞道河流長停車滯驛程櫪閒休馬力林暗出鳩聲夢境槐柯熟詩心茗椀清天憐行役瘁風力晚催晴

二十五日戊申寅初一刻行自驛以南多泥濘星月微茫輿夫窘步二十里王陸集小憩即行十五里閻店莊前行之僕及車馱等[redacted]皆止於此因探聞河水[redacted]盛漲距河十餘里中有溝三

道水没車腹輿騎皆不得過而閣店莊非可住宿地并無[redacted]容舍[redacted]借梁姓糧店[redacted]小坐念天色晴霽河必可渡惟渡口遷徙靡定而所謂三道溝者固不能飛渡也既遣僕馳馬先往探視並訪延[redacted]士紳閻耀[redacted]程國柱[redacted]就詢情形閻程皆言河漲則渡船移徙上下游無定所溝阻則車馬必不能行宜遶道東行至大壩頭[redacted]其地為河之上游與南岸部[redacted]山頭相望地勢較高而別遣鄉[redacted]约至河

口[redacted]渡船[redacted]其上挽至[redacted]壩頭乃可渡余與翊辰頗韙其說乃鬬程甫去而所遣探視之僕遣急馬回云河口渡船已得四艘而三道溝水可[redacted]越請即前進乃[redacted]行輿夫等皆不得[redacted]越之路仍循舊轍行初踰溝水深二尺許尚不甚廣再踰之溝則水益深且廣以十餘人舁一輿蹈水而過水深沒膝踰第三溝則[redacted]險下皆鬆沙插脚淖中幾不可拔車馬頻陷幸而畢渡既出坎窞回思猶心悸也

又数里抵河干與翊辰同舟揚帆徑渡不過一刻許已達南岸風日晶爽望[redacted]山濃青欲滴十五里入滎澤縣縣城踞土山之巔其北有舊縣城乾隆間河決始移置於此知縣張煦來謁獻縣人乙酉舉人蔭次知劉子年茝楮尚在汴[redacted]已選得順德府教檳將之官翊辰有弟子張聯薰號譜南來見丁酉拔貢知縣適奉東檄來此因託其寄語裘漁浦云

二十六日己酉寅正刻行五里天明渡石家河河

無渡船無橋河干有所謂槓[redacted]頭者[redacted]號[redacted]召百
數十人為行旅[redacted]負囊篋涉水見有官差過
乃搭一浮橋木板三五敧側水際車馬[redacted]率皆
不能行余與翊辰步徒過橋而使人舁空轎
皂水以渡車中箱篋等則使人般運以行車
始得渡此百數十人者遇水漲時殆率以此要
挾行人索錢為活古者津梁之地必有專司
今日官事廢壞孔道津渡無人過問任若輩
乘危斂錢[redacted]為行旅困可歎也十里老鴉陳村

十里十里鋪十里抵鄭州知州[redacted]拜颺以鐵路工程師到境勘地不得來飯罷行十里亦曰十里鋪二十里林錦店寨五里袁堡砦十五里[redacted]郭店宿為新鄭縣境知縣王君遣人供張於此王新城人名政敷號子同余同年晉卿觀詧子也

二十七日是日初伏夜起甚涼庚戌丑初刻行雨後道濘[redacted]辰正刻抵新鄭縣王君出郭迓[redacted]來謁於逆旅旋以晉卿同年所

箸書為贈詩六卷文一卷離騷注一卷費氏
古易訂文十二卷爾[redacted]正郭注佚存補訂二十
卷廣雅補疏四十卷又晋卿尊人[redacted]松舫年丈
所箸醫[redacted]藥家棖六卷晋卿為經生為循吏
又能為詩人北學之良並世罕匹[redacted]官蜀有
聲余至蜀君已改官甘肅不得一見今年晋卿以人
崧制軍疏保送部引見來京師余闈[redacted]
[redacted]君至將往[redacted]訪而君已還新城矣闈尚
有攷訂西學書數種子同云此間無印本許

以續[redacted]京師也飯罷行出南關渡溱水水深
而河西不廣以舟渡南岸[redacted]行二
十里會河鎮溱洧二水于此合流水經注洧
水出密縣西南馬嶺山經密縣而東流入縣
境會溱水為[redacted]洧河會河之名[redacted]因[redacted]矣雨
至輿中頗[redacted]爽而輿夫霑體塗足良可憫也
縣西南四十里有大騩山亦名具茨山莊子
作大隗國語主芣騩而食溱洧山海經漢志
皆作大騩漢志在河南密縣蓋與今新鄭[redacted]

壤也道左有黄帝見廣成子問道處碑未刻抵石固鎮宿許州長葛縣境客舍湫隘與新鄉相埒（知縣王錫晉號仲藩壬戌舉人山西黎城縣人）

二十八日辛亥寅初一刻行石固一邨鎮[redacted]門闕重疊昔日所以禦暴者雲霒黯黮道有積水天明後辨路以行稍就坦夷五十里渡潁水水又名渚河東入臨潁縣界五里潁橋鎮飯[redacted]人煙頗稠地屬襄城縣有潁考叔廟墓亦

在馬飯罷行雨復作二十里靈樹鎮道左有
碑大書吳季子掛劍處按襄城春秋為鄭氾地
縣志云徐君墓在此蓋傅會耳十里經李[redacted]元
禮墓有豐碑題曰漢司隸校尉李膺墓明成
化十年山西布政司李敏書碑陰刊當時[redacted]職
官士紳及石工姓名末一排為鄉社耆皆李
姓也三里過一小石橋曰七里橋其水即氾
水也泥濘彌[redacted]甚七里抵襄城縣入北門穿城
出南門城臨汝水上地勢頗高跨河石橋曰

惠政長四十餘丈其實非橋乃堰也聞盛漲
時[redacted]溢橋上橋兩旁用鐵絙闌之以衛行人
汝水南陽[redacted]葉縣流入境東南郾城縣境
入汝甯府上蔡縣界今自周家口達正陽關
入于淮亦通津[redacted]過橋宿南關逆旅知縣熊
廷襄以疾未至典史孟溥來見大興人其先
會稽籍也雨後驟至薄暮乃止城内有明李
恭靖祠李敏字公勉景泰甲戌進士官户部
尚書

潁橋二字平寫
幾處以下提行
除潁橋行

過潁橋考狀墓

頓釋猜嫌片語功歌聲大隧樂融融處人骨

月誠難事考狀而還祇魏公幾處池塘萬柳

潁橋條蟠路迢遙昌城古錯疑梅熟江南候細雨

如煙過潁橋

二十九日壬子寅初刻行自襄城以南渟盃深夾

道兩溝積潦草長數尺肩輿行極艱苦十里

經石橋橋南有高碣光緒初左文襄過此捐

金脩湛河窪橋路監工者為南陽鎮總兵楊

字一可下城人 以行小注

某立[redacted]石記其事湛水[redacted]源出汝州魚齒山經葉
縣北入于汝水周禮職方荊州其浸潁湛即
此三十里黃城山有長沮桀溺墓又有沮溺
[redacted]耦耕處碑康熙辛丑知縣崔赫題又一碑曰
孔子使子路問津處縣北五里有昆陽城相
傳漢光武破王尋于此今有光武廟其旁為
葉公祠[redacted]
[redacted]十里抵葉縣知縣李[redacted]行
恕字一可江西南城人出郭迓尋至行館詢

以近日電傳
諭旨因得借觀經濟特科一等四十八人二等七
十九人先是政務處議特科仿鴻博例一等
取必嚴至多不得過十人乃竟寬取若此[redacted]
[redacted]陸懋勳馮巽占連文
澂許寶蘅俞陛雲列一等沈瑞琳蔡寶善邵
啟賢周蘊良武曾任列二等皆浙江人餘知
名之士如楊度宋育仁陳曾壽秦樹聲王季
烈魏家驊熊元鍔楊道霖鄧邦述章鈺張孝

謙單鎮列一等[redacted]叔光祝廷華陳于夏楊模吳鏐唐文治列二等尚人意而某某[redacted]數人者亦羼入其中蘭艾並進良可歎息又閱二十二日邸鈔四川考官王榮商張世培湖南考官文恆榮呂珮芬甘肅考官馬吉樟朱錫恩[redacted]李君夲意[redacted]為吾輩宿此而余與翊辰欲趲程宿舊縣僅于此換夫馬即行去縣南里許有漢王喬飛舄處或即唐所置仙舄[redacted]縣

地耶闔縣北有黃山谷祠祠内有涪翁書詩碑惜不及往訪涪翁[redacted]為葉尉故後人祠之耳道中泥益深輿夫取間道行或穿小村落或循田塍間大道榛塞歧中又歧今日世道殆有如是耶三十里渡醴河抵舊縣即葉縣舊城也行李東至夜分始至[redacted]僕馬無多尚累民傜為按醴水出南陽雉衡山東入汝水經注醴水東逕葉公廟北廟前有公子高諸碑漢志雉衡山澧水所出東至郾入汝

[redacted]此水

六月初一日癸丑以道濘不能夜行卯刻始[redacted]淖深處與昨日所經同雨後微寒輿中添棉衣節交大暑乃似深秋與前五日氣候[redacted]异十里廟岡五里柳莊輿夫云此地夙為盜藪近尚安謐五里魏岡其西有小山上有廢砦[redacted]謂是明季防流寇者五里渡沙河五里保安驛飯焉飯罷行十里唐新莊二十里扳倒井裕州知州徐君於光武祠煮茗以待小憩祠

旁道院舊為暢園乾隆間守祠道士所經營其後屢有增飾同[redacted]初貴筑傅青宇壽彤官開封知府葺而[redacted]之刻詩碣記其事有玉照堂調鶴軒諸額花木[redacted]醫方池澄[redacted]有婆羅樹淩霄花皆百年物辛夷正開雜花尤盛憶同治戊辰侍 先大父 先君子自晉南歸經此時木香花盛開沿緣出牆外今相距三十六年重[redacted]地木香者藤蟠曲林杪不能無桓宣撫[redacted]之感謁光武壞像壁間雲臺二

十八將庭有古柏二參天黛色殆百年物祠後一柏大合數抱更不知其年矣[redacted]拔倒井者相[redacted]傳光武軍此得井汲之不竭祠外一亭井在其下此附會耳祠中楹聯[redacted]罕佳者惟何鐵生前輩金壽一聯云舊說本無稽想四百年火德承家福受王明或應占井勿幕耳中[redacted]興今再見看[redacted]廿八將雲臺繪象生逢景運可但作壁上觀爭尚有意亭外荷沼白蓮已[redacted]花流連少頃還坐玉照堂啜茗乃行

道渟彌甚曲折行田塍間登頓上下二十里平原寨五里外新街渡[redacted]河河不深廣踏石而過出州北四十里當陽山南流[redacted]趙河入[redacted]沘水五里抵裕州北關外宿徐君來迓尋至逆旅來謁[redacted]石雀號秋崖蕭山人乙亥舉人[redacted]言此州教民寔多奉司鐸安某尚知理不袒護云去此州五十里賒旗鎮戍辰歲舍車而舟處也聞近以鐵路通行商旅

率道信陽而賒旗市面大衰游手既多盜案疊出方整頓保甲添練馬隊幸得無事翊辰以感寒苦[redacted]腹疾且欲嘔服痧藥及藿香正氣丸乃愈行李車竟不至以淖深故也

初二日甲寅黎明起行李車尚未至翊辰瀉止而神頗疲苶偃息以竢午刻車始先後至余與翊辰午食即先發繞城行入東門出西門約二里許望城西[redacted]諸山雲氣匼匝俄頃雨大至衝雨而行步步泥淖三十里渡趙河以舟載

轎而過登[redacted]一陡坡[redacted]半里至趙河鎮[redacted]小憩雨漸止復行大道泥深數尺紆曲行村落閭人家稀少而林木蓊藹溪流淙淙絶似江鄉風景蓋漸入楚境與北地情形稍异矣夕陽在樹驟雨忽集俄頃即止望見博望望城已曛黑不辨路行秉炬以行酉正[redacted]刻入行館博望城爲南陽縣境今稱博望驛距南陽府東北六十里漢[redacted]屬南陽郡武帝封張騫爲侯邑是也飯罷倦極而卧子初刻行

博望平寫

李車至有三車陷于淖天明始至

○博望城

萬里星槎祇鷟名歸來蒟醬作人情書生早[redacted]斷封侯夢[redacted]策馬重過博望城

初三日乙卯卯正刻行淖深如故三十里新店[redacted]飯

晴暖异常飯罷行十里永秀寨二十里栗河店宿距南陽府城八里知縣趙君景彬號偉卿湖州歸安人忠節公族人也遣僕供張於此南陽鎮孫萬林遣人持柬來候南陽府治

為漢宛城自秦漢以來戰事必爭之地平原[redacted]曠蕩無險可扼城東有淯水即漢志育源出盧氏縣南山中徑內鄉縣東境又東南流至府城東遶城南行入新野縣境府境諸水悉會焉又南經光化縣東北又東經故鄧縣東南入于漢今名白河自新店南行以避漳故往[redacted]往洛白河行河身甚廣白沙瀰漫在昔名杜賢守並置堰溉田一時稱便宋太平興國三年嘗大治河堰以通湘潭之漕顧地勢

高水不得至平不可通端拱初復開古白河通襄漢漕亦不就今則通塞無常僅估船偶經老河口以達樊城耳

初四日丙辰卯初刻行[redacted]白河而南沙平如砥[redacted]昧閭有積水[redacted]田淤泥深尺許者稍易[redacted]三十里永安寨亦名三十里屯小憩閻姓屋庭宇整潔閻[redacted]官陝西榆林鎮總兵[redacted]其子亦武生也又行三十里林水驛其地又名瓦店[redacted]假王姓屋[redacted]

中庭花木頗有生意紫薇一樹方盛開天將
雨急行不数里雨至[redacted]道邨落所經有
張莊集建中集李莊集人家櫛比見冠蓋至
媍孺走觀邨多林木桃李結實尤繁三十里
經羅莊集積潦深二三尺新野[redacted]知縣葉君
遣人置頓於此小坐將行雨忽大至時已酉
刻雲陰四匝勢不能前進乃[redacted]就逆
旅飽脱粟飯展衾倦卧聽雨聲浪浪頓生[redacted]
思行程淹滞明日尚不能抵樊城也

廣西乙酉拔貢
江行小注

初五日丁巳卯初刻行道瀰漫甚闊路人言昨宵雨較羅莊尤大六十里新野縣飯焉知縣葉少蓮承祖迓于郭外[redacted]廣西岑溪人乙酉拔貢借闈電鈔

閏五月十四日

上諭岑春煊奏查明廣西匪勢災情請將司道各員分別懲處並整頓團練精選州縣各等語廣西賊蹤蔓延災區甚廣護地方大吏毫無布置實堪痛恨已[redacted]革道員黃仁濟粉飾欺朦上

下[redacted]解體已[redacted]革總兵申道發縱勇殃民貽害尤
甚均著發往軍台効力贖罪署布政司湯壽
銘吏治廢弛按察司布賢前署藩司任内賄
賂公行均著即行革職巡撫王之春辦理軍
務諸多蒙蔽提督蘇元春養癰成患貽誤地
方著一併革職該署督[redacted]務將團保一切[redacted]事宜
[redacted]嚴飭各府州縣認真辦理以靖亂源至委
署各缺著准其不拘資格暫行酌量[redacted]變通總
[redacted]期有益地方俾吏治日有起色用副朝[redacted]廷

綏靜邊疆之至意欽此又　諭旨
以柯逢時補授廣西巡撫未到任以前丁體
常暫行護理胡湘林補授廣西布政使劉心
源補授廣西按察使以夏旹署理江西巡撫
李岷琛補授江西布政使寶棻補湖北按察
使沈瑜慶補湖南按察使江毓昌補江西贛
南道雲階（制府甚）[redacted]頴方銳可以藥桂省骫骳之疾
迺庵幼丹同時移官粵西吏治其有瘳乎飯
罷行二十五里渡白河又里許渡刁河方輿

紀要出鄧州經新野南入白河殆即此水望
見人家峻宇中有花木出垣外土人曰此齊
公家祠也齊公名慎字禮[redacted]新野人嘉慶間
以武生從軍為楊忠武所薦拔初平滑濬教
匪之亂繼平回匪張格爾之亂累著戰功
賞清字勇號圖形　紫光閣
成廟親製贊官四川提督卒於馬邊防次
賜謚勇毅祠蓋咸豐間[redacted]建余與翊辰紆
往觀見其元孫某導至神道碑爲四川總

督楊國楨撰文即忠武子吾鄉蔡麟洲前輩振武書時方督蜀學也夕陽催客匆匆上馬去五里抵新店鋪宿假高姓花園屋三楹居之庭蒔雜花畜金鯽魚百餘頭主人老無嗣頗耽靜趣出紙索書酒後走[redacted]筆書付之

初六日戊午卯初刻行天陰如幕涼颸若秋二十里入湖北襄陽縣界道左有碑大書湖廣北界四字十五里呂堰驛飯焉飯罷行路漸坦夸而余輿夫逸去五人同行者僅七人盖所

郑莽階下舉人
改行座

謂夫頭者吞蝕五人之資而七人者朋分之
耳三十里袁莊集茶尖二十五里渡清河舟
小而破僅容一轎五里抵樊城襄陽知縣湯
君炳堃（號符階雲南人癸酉舉人）來見[redacted]與余族兄
學[redacted]同官其尊人亦曾[redacted]知襄陽縣者朱惠之滋
澤方攝襄陽道程道存文署襄陽府未至何
受之錫章以權釐樊口來赴[redacted]方代理郡
事兩君皆以辛丑之秋見於武昌今奉使不
敢謁密帶水間阻惓惓故人復憶咸豐庚申

之春侍　先大父　先君子南歸中途聞杭州
陷僞居襄陽兩月至夏初全家入秦　先太
淑人靈柩[redacted]寄厝樊城浙江義園時庶
祖母楊太孺人及適夏氏四姑母柩同厝焉殯
宮雪涕曾不知亂定何時越九載戊辰之春
自晉陽道豫達襄漢乃克奉柩南歸俯仰四
十年人事遷[redacted]慶今鬢毛蒼白馳驅王程祿不
逮養悲愴何極辛丑之夏臥病長安七月自
行在請急南下復經此地已深桑下三宿之感曾

不[redacted]兩年蓬轉重來看峴首山光也時局顛
危儒臣文字報國之說誠為芻狗五夜循
省汴且[redacted]閱電鈔六月
初二日
上諭此次經濟特科覆試考列一等之袁嘉穀張
一麐方履中陶炯照徐沅胡玉縉秦錫鎮俞
陛雲袁勵[redacted]二等之馮善徵羅良鑑秦樹聲
魏家驊吳鍾善張孝謙錢鏻蕭應椿梁煥奎
蔡寶善端緒麥鴻鈞許岳鍾張通謨楊道霖

平寫

平寫

張宗康吴烈陳曾壽均著于夲月初十日帶
領引見欽此

樊城

嚴城幾度駐征旂垂白重來數舊遊往日悲
懷啼杜宇襄時懸汗唱前騶估帆漸少知商
困村釀頻添破客愁四十四年身世感無情
漢水日東流

襄陽

江沔通津第一州銅鞮坊下古今愁沈碑墮

淚曾何益獻賦論都苦未休耆舊姓名無傳
記英雄割據有權謀於今襄鄧非形勝枉說
牙旗控上游
初七日乙未以昨夕行李車阻水不至黎明覓舟
載行李至南岸別以車載之午刻始至自此
以南[redacted]不行車換竹[redacted]以民夫四人或三人
二人舁之大氐湘鄂蜀黔皆然何受之太守
[redacted]將赴樊口奉電代理侯道存至即交替其
樊口釐金上官委心柏姪代辦余園未得信

也受之官鄂不得志今以辦張家灣釐局剔除積弊洗手奉公上官器之遂有樊口之調朱惠之覲詧來劇談時事極言[redacted]釐加税之害中國商[redacted]將日衰敝又言湖北學生界一書風潮甚厲仲[redacted]承抱冰尚書意為文勸[redacted]之而學生復書極辯仲[redacted]無以難也[redacted]屋火滄流隱憂方

鉅世運所迫豈能以筆舌爭哉[redacted]惠得京電之
知抱冰尚書[redacted]將以七月望出都借閱電鈔
初二日
上諭至本月初十日帶領引見欽此一等九人二
等十九人頗吾浙一等惟階青一人二等惟
張宗濂
蔡寶善二人前月二十四日
諭旨尚以近畿不雨重事精禱而豫境乃苦雨入
楚[redacted]境方以多雨祈晴[redacted]也
[redacted]是日中伏而涼晡時雨入夜見星

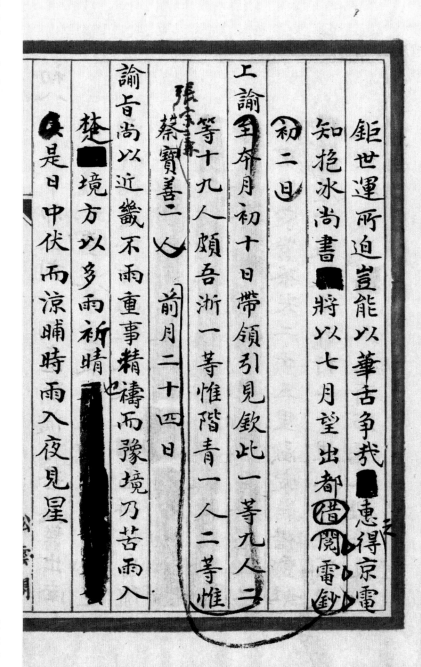

初八日庚申卯正刻行雨意猶濃乃苦蒸鬱出南門渡漢水望峴首雲氣滃白橫截山半舟達南岍循漢水行雨後盛漲水[redacted]齧岍圻崩隤有聲[redacted]二十里崔家營茶尖二十五里歐家廟借鄧姓[redacted]屋午飯飯畢即行二十里小河口茶尖未至小河口[redacted]一水舊有石橋水漲橋沒乃

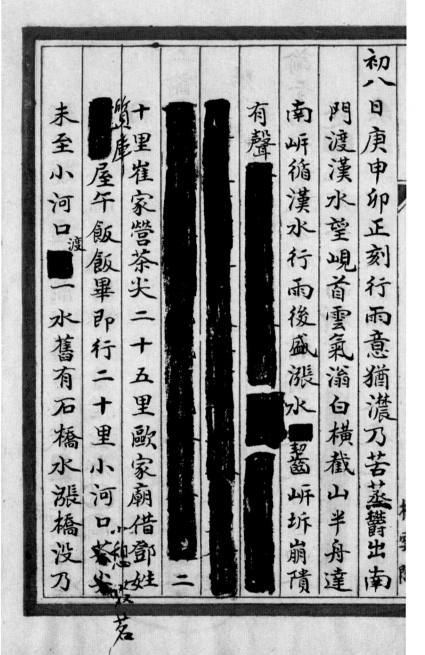

字介夫吳縣人
以小字雙行亦宜

[redacted]覓小舟載轎以過既渡大風揚沙林木[redacted]舞
脚底奔濤澎湃有[redacted]聲雷車隱隱雨將至趣輿
夫疾馳二十五里入宜城縣知縣姜[redacted]光裕
字介夫來迓[redacted]吳縣人[redacted]
[redacted]入夜風未止[redacted]展簟凉生遂得美
睡
初九日辛酉寅正一刻行出宜城西門姜大令送
於郭外朝暾東曜其赤如火二十里金家鋪
小憩自入宜城境而南稻田漸多塍塍水足

高原間有種秫者胡麻尤多為此邑土產夾路多青蒿清芬可人二十里新鋪飯[redacted]宜城境飯後行渡小塩河土人訝為新店河余謂此當為方輿紀要之鑾河在縣西南四十里本名鄗水亦曰彝水水經注謂桓溫避父諱名改彝水曰鑾水是也小艇載轎而過河面不廣涉南岍略有坡陀二十里[redacted]河鋪小憩二十里麗陽驛宿鍾祥縣境巡檢徐文博來[redacted]行館西向炎曦偪人余以[redacted]受濕

藝下利四五次頗[redacted]疲頓服泉州神麯繼以藿香正氣丸腹中漸舒兩餐僅啜飯半盂粥半盂以鹽豉下之而已

初十日壬戌夜半起視翊辰呻吟不已腹大痛延蕭姓醫處方皆消導疏利之品至天明痛略差余下利如故遂議行半站宿石橋驛辰初刻始發二十里過樂鄉關道中翊辰下輿便旋二次輿中藝甚午刻抵石橋驛為荊門州境巡檢賴光廷來謁以余兩人皆疲頓謝之

十一日以下提行寫

賴四川三臺人與謝魯卿緒璠同里來詢魯卿蹤跡驛地褊[redacted]無醫久之覓一人至處方無理余勸翊辰勿服而翊辰瘧悶痛劇乃勸服日本寶丹凡三次始漸[redacted]解夜得安臥余晨服菩提丸一粒夕服普濟丸三十粒自午至戌[redacted]不復下利晡時啜白粥一盂亥初刻就寢甚酣惟多夢耳

十一日癸亥黎明起詢翊辰較昨日稍安乃戒行李啜白粥一盂而行過大石橋橋工頗固闊河名無能知者但訝曰石

湖南衡陽人 名字小字 均行

橋河而已驛以南山[redacted]環抱蒼翠欲滴行坡 醉
陀閭閻嶺迴互林木蓊蔚晨雞膈膊聲出樹
杪山下人家櫛比略似吾鄉橫山桐鴟閣風
景平生澹退誓墓有懷老不知休復此勞役
睠念先壠此心怦怦二十五里南橋飯噉白粥
一盂[redacted]舍東向驕陽偪人乃急行炎風灼肌 客
頗不可耐三十五里荊門州借宿考棚署知
州[redacted]陽性泉定果來[redacted]湖南衡陽人年六十 歐
八攝州事以上控案將交替去矣翊辰延醫

來診服大黃枳實川樸等葯翊辰素壯實顧
飲茶太多食每過飽夜臥[redacted]感寒諸病相雜致
此[redacted]沈頓[redacted]夜復得
衡陽王姓來診[redacted]
十二日甲子黎明復招王姓來為翊辰處方仍主
利水道通膀胱似尚近理卯初刻行四十里
團林舖翊辰[redacted]妾頓如故余晨起下一次無赤
白痢腹中舒暢[redacted]頗稍知飢噉白飯一
盂以鹽豉下之即行時已卓午[redacted]此南風尚不

甚蒸鬱行十里許就小村落停輿有楝樹二
陰可一畝清風徐來[redacted]翊辰畏熱凡
停輿三次余以迎風而行轉覺涼爽趣行所
經有王家莊楊家集十五里堡見農人以龍
骨車挽水溉田四人踏車二人抗聲而歌[redacted]
擊鼓以為節其荊[redacted]農家之遺俗歟未正
刻抵建陽驛代理建陽縣丞余僎來[redacted]陽
人言日來雲南四百里加緊摺差過境者數
次似聞[redacted]中匪亂復熾不得其詳也所居為

松雲閣

龍蟠書院同[redacted]治庚午署知州無錫王庭楨創
建張幼子前輩督鄂學過此為文紀之立石
堂上建陽以在建水之陽而名建水一作健
水亦名建陽河又曰楊水又名大漕河在州
北百三十里西南流入江陵縣界梁太清末
蕭詧自襄陽攻江陵其將杜[redacted]崱等叛襲襄
陽詧弃糧食鎧仗於湕水而還明年西魏將
楊忠救詧乘勝至石頭將趨江陵湘[redacted]東王繹
遣[redacted]使說忠忠遂停湕北大寶二年岳陽王詧

以侯景攻巴陵遣其將蔡大寶軍武寧以規江陵湘東王繹遣使謂曰君忽頓武寧即當遣勁甲頓湕水待時進軍也[redacted]蓋[redacted]湕水[redacted]襄陽江陵之襟要矣

十三日乙丑以憚暑蚤發丑初刻出建陽驛乘月夜行差得涼意卯初刻抵四方鋪早餐翊辰沈頓如故大渴引飲[redacted]滿欲絶余甚憂之急盼到荆州得良醫治之遂趣行已正入荆州府北門至南門内考棚憩焉自江陵至常德

驛路山水驟發不能行向來改由水道或至
澧州或經達常德此次探問須乘舟至常德
有司已為覓僱船隻江陵知縣張雲生集[redacted]慶
以赴沙市迎錫清彛制府未至余堯衢同年觀
詧先遣僕來問訊余作札與堯衢乞[redacted]醫為翊
辰診視俄而屬田君楨來診用蒼朮厚樸及
導水等藥午後堯衢來[redacted]解衣[redacted]劇譚知其老母
聰疆幼子茁實良可欣慰[redacted]縱論時事復相
與雷嗟歎[redacted]荊州將軍綽勝亭哈佈遣人來

左都統德祿副都統瑞荊州知府舒惠均以名柬來候炎歊偪人揮汗如雨日暮范[redacted]鵬來[redacted]以[redacted]張[redacted]集見贈堯衢以新茶鹹蔬藿香丸餉並為電致鑑兒告余途中平安又為函告錫庚姪[redacted]可感翊辰服藥渴益甚詧其病狀非承氣湯下之不可入夜復函託堯衢招田君[redacted]而堯衢赴[redacted]市謁

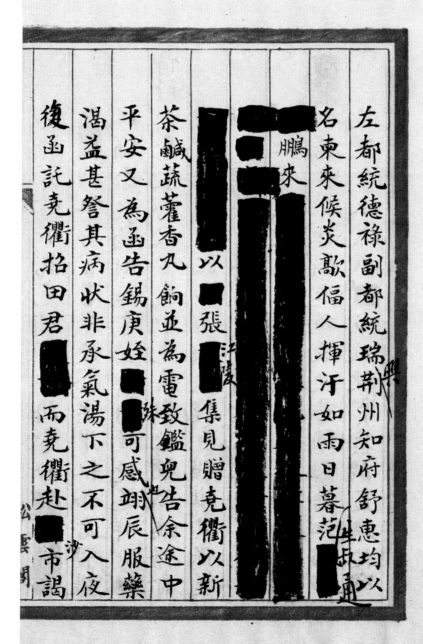

錫帥吳燈下為堯衢書扇閱電鈔[redacted]

[redacted]浙江考官唐景崇齊忠甲江西考官張

仁黼李家駒湖北考官李灼華饒芝祥

特科一等袁嘉穀方履中免其散館授職編脩俞

陛雲袁勵準記名遇缺題奏魏家驊准其保送

知府[redacted]餘不記

湖北布政使瞿廷韶出缺

[redacted]以楊士驤升湖北布政使尋調周浩江西布

政使李岷琛湖北[redacted]布政使寶棻調直隸按察

楊士驤直隸布政使

三原人七字以作小注

使岑春蓂升湖北按察使
十四日丙寅黎明起問胡辰知渴熱[redacted]甚自擬三
黃石膏湯服之少頃田君来合承氣陷胷二
湯為一大劑惟云脉頗沈細與病不相應余
[redacted]其沈細乃伏象非虛弱得栝蔞苦降石膏
淡滲當奏效胡辰亦以為[redacted]遂急煎飲午後
下四次腹中漸舒惟渴不已瞰西瓜二[redacted]
[redacted]能[redacted]睡三四刻許不似兩日來之煩躁
矣江陵縣張君來三原人癸酉舉人與馬伯

滇中以下四行改大字接寫

嘉相善[redacted]談次[redacted]伯嘉補巴東部駁復補安陸已奉准尚不得到官老母八十餘尚[redacted]也船已僱定以翊辰須服藥[redacted]炎日如[redacted]遲酉刻出南門五里至御路口登舟翊辰所坐艕子船也余所坐襄艑子極低小[redacted]夜仍熱甚攜胡床坐船頭江心孤月煙樹蒼[redacted]愁鄉思百端交集

[redacted]中臨安民亂政府電江督調張春發帶江南六營赴滇前在京師即以江南兵必不宜于滇邊私議非之後聞劉按察春霖兵克臨安江南兵不果調張軍已行常德抵乃折回

十五日丁卯天未明解維比余起則已過沙市矣荆州當岷江巨流之衝全恃萬城隄為一郡保障隄高于城城若釜底南北故多穴口所以洩江流而分其勢古有九穴十三口明季[redacted]祇存虎渡郝穴二口渡流注澧江郝穴流出漢口南北二口宣洩是賴今歲江漲异常

參與洞庭合而為一矣水

澧水泛濫向來程由上游虎渡口舟人評太平口入澧江今江水盛漲虎渡口當逆流上泝湍急難行乃東下經沙市始折而西南入橫隄小

会稽人六字
以行以注

河口江漲瀰漫不得循故道舟行蘆荻中左右支柜荒村茅舍柏浮水際樹腰浸波十五離立舟[redacted]子言此地故有隄某年江溢隄潰[redacted]遂不復脩每值水長即成巨浸耳篙師努力始得進口折西行乃就河路[redacted]其東一水即由虎渡口來故道也五十里戴家場十五里李家口公[redacted]安縣境知縣陶君翊中（會稽人）號同甡遣人來迓小泊午飯候翊辰舟至復解維指東南行適西北風作張帆而進十五里孱

公安行平
寫

各詩照已二
三の五排寫
每一首均提行

陵驛二十里黃金口三十里沱孔五里港關
泊有[redacted]收船鈔分關一兩峤民居百餘家距縣
城約四里許暮薄雲起風作電光頻掣入夜雷
雨
二/○公安至澧州雜成
聽説民堤潰腴田萬頃漂帆移見沙觜漲潤
没林腰俗美穀還賤愁濃酒不消楚天凝望
極風荻晚蕭蕭一櫂洞庭西無邊芳草萋翦
波鷗浩蕩然竹鳥悲啼騷怨古之直勞歌聆

者悽喚囬河北梦風雨有荒雞涔澧雙流合
遥連青草湖雲容千[redacted]變幻港路[redacted]百盤紆聽
水塵心淡當風渴肺蘇滄浪問漁父明月冷
菰蒲遠山好眉嫵青峭不知名風急帆宜落
波長岍與平水鄉供飽飯天意惜勞生明日
武陵去黔山問驛程唱艫艑郎樂客心無奈
何獄雲飛不到湘雨曉來多前路聞蠻笛余
生[redacted]羨釣[redacted]蓑飄蕭撫塵[redacted]鬢作計湯蹉跎
十六日戊辰天明解維二十里孟家溪十里瓦峪

河有抽釐分卡港[redacted]四出舟子幾不辨路或
曰當經四水口或曰不必經四水口可直達
滙口者蓋由[redacted]至武陵大氐沿洞庭湖西以
行湘人詡為西湖者是[redacted]日行湖汊中又盛
漲往往迷道俄而雲陰四合風驟起泊一小
村落高柳下雨大至一刻許雨止西北風作
湖路適指東南乃掛帆駛行晌息過溪臨水
數十家瓦屋鱗次略有市肆村尾數家墻根
都[redacted]入波際柴門盡閉殆避水徙去者村後

遠山一抹眉黛如畫正凝眺間路轉帆側余
亟評落帆而風力猛甚舟觸於岍訇然有聲
徐出葦間繫樁大樹下止焉天下[redacted]事利鈍得
失轉眴百變固處處有危機哉風漸息待翊
辰船全復行五里至大河口時已薄莫距[redacted]淮口
尚三十里遂泊岍上有抽釐分卡一諳視翊
辰面色漸正舌苔去其半自言尚渴思引飲
餘邪未[redacted]盡去也余登岍與村人語此地有南
北二垸南垸為水衝決淹田稻三百餘石湘

人田不論畝但論穀若干石與江西安徽俗
略相似北垸幸無恙米價每石錢二千二百
也　蓬　燕岸
十七日己巳天明解維雲陰頗重水氣生涼舟南
行得北風張帆以進湖面空濶見各垸多決
潰者稭田漂没為之[redacted]心惻三十里滙口西距
澧州城八十里署知州周君至德遣僕來[redacted]
[redacted]闔州城被水不[redacted]淺三版人在坐
女墻殆可濯足頻年無此水患矣已刻風雨大

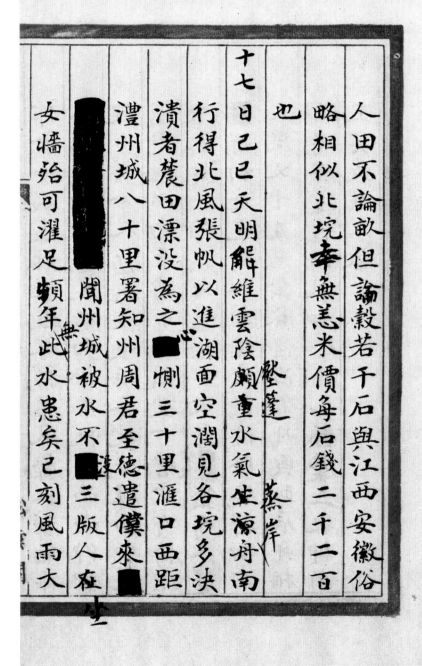

作余舟漏痕淋浪数数移席風聲水聲聒耳不已日加申風定微雨掛半帆指西南行煙波渺緲令人意遠望東岸各垸皆破西岸垸獨完垸以内平疇千頃彌望一碧中有荷塘数畝紅蕖作花白鷺徐下田更[redacted]笠可入畫圖[redacted]酉初過羌口入常德府武陵縣境行四十五里又十五里至麻河泊余舟與翊辰舟相距遠乃遣僕問訊知今日已鋪糜三次神漸王矣是日立秋

平寫

此行移鈔在往河否也下

1。沅江雨行

百丈艱難上瀨舟誰搴蘅蒞南中流風風雨

雨沅江上已作人間一片秋 昨日立秋

昨日立秋

[redacted]武陵境内今年田禾大熟[redacted]

斗米才直一百七八十錢家家足穀

以關稅重不肯出境轉販故老有言四川熟

湖廣足湖廣熟天下足今巴蜀生齒日繁[redacted]

民且不得飽未聞川米下輸湖廣者而湖南

産米多轉輸江皖[redacted]可濟緩急乃近年私販出洋之米日夥江浙皖贛諸省米貴於前數年者幾倍脱有灾歉貧民無以為活大可憂也

十八日庚午黎明開行過大洋湖此舟子所許按地圖或當是曹田湖二十里入青木巷河身始狹南行風不利雨復大至小泊雨止復行百丈牽[redacted]曳舟行頗遲風雨又作三十里扈家湖泊舟令食飯罷趣解維石尤風緊晴曦[redacted]作明十五里河泊涼月東上蟲聲四起令人灑然有秋思陳河不

知其緣起問一土人則曰此河名從河按圖
從河出武陵縣北東北流入天心湖不知即
此從河否也下接[illegible]一段 武陵縣內
十九日辛未天未明開行辰初刻過[redacted]梨花口天氣
暄暖風平水柔水作深碧色沿隄淺草綠縟
如繡[redacted]桑閭竹外雞犬相聞此鄉樂土即桃源
中人不是過条午刻過牛皮灘市集稍盛岍
多木植似是木[redacted]商聚集之所自牛皮灘以上
皆上水舟子牽百丈行五里芷灣風轉順張

帆以進十五里
[redacted]石馬鋪土人方競渡長艇銳首打槳者或
三十人或三十六人別[redacted]以一人舉槳作勢一
人揚旗一人打鼓一人挨舵行若奔馬厓上
觀者如堵有岳州營舢板礮船舉礮迎之雨
舟爭進後舟[redacted]進及前舟則厓上人拍手謳呼
若慶[redacted]幸之者過此風又逆行益遲十五里德
山暮色蒼然雨且將至距常德府城尚十五
里遂泊焉初意今日抵郡檢料行李明日即

發令以明日到恐夫馬不集又阻一日程[redacted]矣

[redacted]驟

雨打篷夜不甘寢德山一名善德山道書以為第五十三福地以善卷隱此故名殆屬傅會

二十日壬申黎明開行風水俱逆已正刻始達常

德府南門外泊[redacted]府城有大橋二水劃分

土人稱內河外河其實皆沅江也府為水陸

通津負郭萬家帆檣如織署知府連雲孫前

輩培基署知縣羅敬則大令均迓於江滸謝

之翊辰舟遲至乃同入城舊住考棚因前守
朱君交替後留辦學堂以考棚為學務處羅
君讓署中三堂為余輩栖止焉雲孫前輩來
談知已補永順調署辰州復調署此郡

# 使滇紀程

下

二十一日癸酉黎明起聞雨聲天明乃發沿沅江北岍行岸灰泥滑時有戒心北風甚厲響振林谷雨[redacted]益甚三十里陬市小憩[redacted]入桃源縣境啜茗復行雨絲如織渡白洋河河不廣兩小艇縛而為一上覆以板僅容一輿以次渡不數里又渡一小溪不詳其名蓋皆自西北來入於沅未申之間天忽開朗所經村落並長林密篠泉肥草豐將近縣復渡沅江南岍不一里抵桃源縣東關外署知縣胡玉山鑑瑩來迓尋入東門廛市殷賑見有警務公所

方舉行警察也胡君六安人甲午貢士乙未即用
補衡陽尚未到官至行館來謁薄暮涼甚余著重
棉翊辰亦卸葛衣矣
○常德行館敬步先大父道光癸未至常德謀陸行
暫憩逆旅[redacted]詩韵
卸帆一昔又籠鞭巖壑窮探亦夙緣○二水繚[redacted]分鷗
翅外萬山青落馬䗁前圖經舊說還諳[redacted]吹新
聲正定邊[redacted]光全盛日清時鑾戟歌
歔託[redacted]

[redacted]

二十二日甲戌天未明即起以昨未宿鄭家驛今日當馳抵新店驛宿計一百二十里須攢行也黎明行十里渡水溪十里渡澄溪五里乃渡沅江南岸土人稱常德河又曰白馬渡五里觀音塘小憩四山叵匝中多良田山麓一亭榜曰佳致有碑刻桃源佳致[redacted]謂是劉禹錫題明人趙贇書過亭折而南有寺寺後為桃源洞洞外石刻林立多漫漶大氐前明人詩刻無足觀陶公寓言後人因而實之殊可嗤

號芷香八字以行小注

冷十里大同鋪二十里鄭家驛尖[redacted]分防縣丞李[redacted]祚長號芷香湖北監利人頗講求蠶桑之學勸民育種桑兼采意大利日本法教之近年頗著成效亦下僚中矯矯者飯罷行十五里楊家橋五里羯羊鋪五里白石村又曰楊溪橋十里竹樓鋪又長板鋪余詢土地名不得往往於告示得之然如白石村之與楊溪橋竹樓鋪之與長板鋪皆一地而二名必有一誤亦可見官事之不甚攷求矣此百里中山泉四出稻田黃熟嬇子熙熙已有富歲

行者云云改作
挑行
沅江云云起矣
改作小注
諸縣云云大熟
均作小注

之樂二十五里新店驛宿驛有代理巡檢胡棠貞
季高[redacted]涇縣人
渡沅江入山作行盡中原路來穿萬壑雲縱橫羣
峭合夷險一江分沅江北岸無山南岸則奇峯突
起無鄰縣多豐歲武陵桃源諸縣今年皆大熟蠻山易
夕[redacted]館人慰勞苦白墮勸微醺
二十三日乙亥辰初刻行漸入山岡嶺皿亙溪流縈
紆稻田稍稀雜蒔茶樹茶有二種一種與浙皖所
植無異一種高數尺至丈餘花五出而白軋實得

膏曰茶油先大父詩所謂空山老此歲寒姿落實猶能為世用者也是其木多松杉桐栗桐實得油栗枝燒炭下販荆襄亦此邑山[redacted]大利又有水楊樹葉短而銳未霜已紅[redacted]二十五里太平鋪小憩啜茗十里迎香鋪十里黃土坡行二十里霧雨冥冥山徑泥滑羣峯插天中有二山純作鐵色有若削成自頂到趾不著寸碧峯回路轉一山半作鐵色半若丹赭遂登[redacted]辰龍[redacted]盤折而上至關頂一州險要也昔吳逆遣玀玀守此蔡毓

榮知居民久苦賊導大軍從黃竹村入守關者聞柵後礮起遽奔散大兵遂克辰州下坡五里抵界亭驛驛有縣丞分駐（曾澳號竹庄江西甯都州人）解裝從倚雨益甚（是日）凡涉溪水四皆厲揭水深没踝渡木橋無慮十數[redacted]最後渡一溪則從橋下行橋故三孔極高廣時水不甚漲故輿夫取便不行橋上也（界亭產茶為每歲湖南貢品之一餘茶皆下至漢口為洋商所購）

○桃源道中

松杉歷歷樵蹊分○洞雲藹藹終古春○老樹槎枒下

栖鶻清溪曲折來迎人梯田棱棱緣上巔巔頭人家白雲冷溪山雖好非故鄉歸計終當事幽屏

二十四日丙子天明雨未已趣行望西南諸峯半為雲蔽行里許天忽開霽五里清捷河十五里亂石關五十里馬鞍關（土人名馬鞍塘）二十里師子坡小憩啜茗即行晴暖殊甚十里楠木坡自馬鞍關至此皆在萬山中盤折登降無坦夷之途然草樹蒙密一碧無罅茶畦棱棱上達峯巔與吾鄉留下橫山略相似過楠木坡山勢稍展頗多稻田已穫之稻滯

歸荑安八字改行小注

穗盈畝[redacted]二十里芙蓉關十里馬底驛宿驛南有馬底河東北流入沅江驛殆以河得名巡檢曾啓昌荛安四川瀘州人

二十五日丁丑辰初刻行入山益深山雖峻峭尚[redacted]奇險處三十五里桃花鋪下輿啜茗或云是陶飯鋪以音譌也小坐即行晴雲㬋㬋向午驕陽甚熾秋暑轉厲山中氣候[redacted]定若此過桃花鋪以西路稍夷旋折山中時有登降三十里復陟峻嶺下俯沅江[redacted]見辰州府城郭如畫先大父辰州詩云高

高望城坡歷歷沅陵縣樹色兩岸分炊煙萬家見是也下嶺約三里許抵行館地踞山巔望隔江煙樹人家歷歷可數方輿紀要以此為客山亦名南山周十餘里其東有馬伏波廟蓋此郡到處有伏波祠廟府東百三十里有壺頭山伏波征武陵蠻駐軍於此沅江在府城西南自此以上多險灘[redacted]故客行畏險多遵陸者知縣何德懋以疾不能來知府劉仲魯若曾渡江來訪同館知交賢能之選[redacted]今年四月到官詢以湘中近日吏事

及此郡情形是有志於力行新政者劇談至暮乃
渡江去
二十六日戊寅辰初刻行入山便覺蒸鬱坡陀上下
不甚險峻惟岡巒複沓環抱偪東土氣不舒田多
瘠[redacted]區林之嘉卉負山人家茅屋三五不復成村聚
自三日以來所見村民大都面有煙氣惰於耕作
嬪女赤足樵采蓋猶猺獞遺俗四十里麻溪鋪小
憩不得食余以自携米粉噉之午後所行山徑或
如隘巷荊榛塞途巨石橫路肩輿磨戛而過承平

日久無人平治道路抑亦有司之責歟五十里抵
船溪驛宿竟日忍飢秋暑復熾頗不可耐噉白飯
一盂而卧
二十七日己卯辰刻行山勢[redacted]不甚險陂陀上下而（無非所經峻行略同）
已二十里田灣十里十里鋪辰谿知縣李君正光
來迓字澤之陽湖人少坐即行十里辰谿縣午飯飯罷行
復渡沅江既渡乃緣江行臨江人家高墉峻整屋
宇鱗比自入縣境山勢漸展中多良疇聽連畦打
稻聲相應也復多木棉桐茶之屬負山村落亦[redacted]

砦字低一格

峻宇厚垣頗不荒落二十里廟堂鋪十里三塘驛
宿是日熱甚秋蝨嘈膚夜坐殊苦
二十八日庚辰辰初刻行三十里龍門坡舊名龍門
砦宋初置寨於此下有龍門澗十里中和鋪飯于留
雲寺寺踞山半寺僧云創自前明乾隆間重脩今
大半積破矣飯罷行日方卓午熱不可耐[redacted]擇
汗不已十里迴龍山十里大山坡入沅州府芷江
縣境小憩啜茗復向西南行[redacted]火
雲四起突兀作奇峯若與諸山爭勝者然五里白

牛鋪十五里懷化驛宿余微覺受暑服痧藥飲藿
香露噉白飯半甌入夜尚無涼意蟁益多芷江縣杜
君鼎元遣人置頓於此杜貴筑人丙子舉人雲帆
前輩弟也
二十九日辛巳辰初刻行曉風送涼稍快人意所經
多坦途無登頓之苦稻田較多半已刈穫夾道多
稗松山花灼灼暎日紅紫四十里榆樹灣濱臨沅
江為水陸通衢市肆較盛循沅水行見估舶三五
艤棹大柳下沿江半里許脩篁萬竿行十餘里輿中

復苦熱經一古刹門外有大栗樹八九株蔭可数
畝下輿小憩徘徊久之乃去又十里抵弓坪宿今
稱公平往時宿去此二十里之羅舊驛[redacted]後改置驛
于此先大父宿弓坪詩注云居人言此處地勢如
弓前直沅水如弦故稱弓坪然又有稱馬公坪者
今驛丞公廨署額竟作公平驛不作弓平問馬公
坪之名亦無[redacted]知者[redacted]傍晚聞雷[redacted]不雨行館當
窗有古柏二亭亭峙翠皆百餘年物
三十日壬午辰初刻行雲陰釀雨西風送涼沿沅江

北岸西行估帆漁艇約略可數未幾江流折而南山[redacted]驛向西轉深有一水自西來東入於沅二十里羅舊驛小憩啜茗閱驛有陽明先生詩碑閣[redacted]土人無知者出驛仍沿沅江行十里巳洲其地有巳川水自東北來入於潕水半日所行皆平原坦途既而上一峻阪盤折數次躋山巔下視諸山皆如培塿遠矚一水蓋潕水矣潕水即漢志無水師古注無陽縣有無水首受故且蘭南入沅行一百[redacted]九十里許慎以為九江之一陳東塾漢書地理志

今貴州施秉縣
水全江
曰漁曰舞

水道圖說云今全江東北流屈南流入沅是也一
水五名曰無曰漁貴州施秉縣鎮陽江首受黃平
州兩曰舞曰潕曰巫或以辰州之武溪當之誤矣
下坡數里即循潕水行三十里抵沅州府芷江縣
知縣杜蓉湖[redacted]來迓[redacted]入東門借試院宿蓉湖
調黶將交替去知府湯伯溫似瑄亦以調署永順
將行此邑產煤鐵銻砂礦甚多以費絀且山路轉
運艱尚未議開採學堂已有端緒而蒙學堂頗多各
鄉已設一百二十餘所云辰沅二府舊為苗疆國

初設偏沅巡撫以鎮撫邊陲偏橋在鎮遠府西六十里距沅州四百四十里顧氏所謂辰沅之指臂貴陽之襟喉至今猶為重鎮湘省兵向以鎮筸營為最著現議各省改常備續備兵湘撫疏陳通省皆改惟留鎮筸一營仍舊制[redacted]以邊要之地舊營尚稱整齊又邊兵強悍驟散恐生他患也然聞營制亦不如前所用皆土槍似宜改練新式後膛槍以期有用[redacted]營名仍舊而利器從新若狃於結習竊恐名存實亡耳[redacted]鎮筸之名亦沿前明以西北有溪曰鎮東北有坪曰筸子故統括曰鎮筸

云翊宸復患瘧蓋前病少愈而於調衛之法不得其宜故變為瘧延衡君來診[redacted]方藥[illegible]

七月朔癸未五鼓醒聞雨聲甚急天明趂雨未止辰正刻行過南門大橋跨瀰水上上覆瓦屋兩旁有欄列肆其間與蜀中無異過大佛寺[redacted]蓉湖送至此啜茗少坐寺刱於乾隆間今方新脩行三里許經望城坡有鎮箪營駐此舉礮列隊以送二里五里局二十五里分水坳五里雲門坳五里冷水塘小憩翊宸憊甚借榻小眠一刻許乃行山徑偪東

疑若無路螘旋九曲如入隍中經小栗子關盤折上下約二里許登大栗子關左倚石壁右臨長谿鑿石成路廣不尋丈山泉下注仄磴泥滑遥瞰潕水奔湍瀉碧下坡乃沿溪行二十里廻龍坡亦曰曰迴龍閣石門如城頗類關隘下坡路始坦夷山勢屏展十里便水驛宿舊為便溪砦本奬州地宋崇甯三年置砦于此明為便溪馬驛至今仍之有廵檢駐此兼管驛務翊宸瘧作如初余檢倪涵初治瘧第一方勸服之[redacted]

初二日甲申辰初刻行出驛即渡㶚水至北岍過柳林橋五里孫家坪十五里對水塘俗名對河鋪小憩啜茗翊宸借榻小眠刻許即行数里登高坡曰門樓坳為芷江晃州分畍處又数里陟蜈蚣闗頗險峻又名五公闗下闗仍沿㶚水行雲陰四合雷雨驟作冒雨行尺徑泥滑廣[redacted]不逾尺[redacted]俄頃雨漸止二十里新村塘雨復至避雨村民松棚下雨小止復行過曹溪鋪有釐金分局為貴州插花地十里抵晃州入東門城堞頹壞市廛

頗稀署通判馮錫芝毓麟來[redacted]

[redacted]邊地瘠[redacted]昔道光辛丑

區为湘黔分界按

先大父自晚入黔除夕宿此有界分楚水黔山裏

歲盡驚雷駛雨中句蓋六十年前事也翊宸瘧[redacted]復

作且嘔吐[redacted]自服一小堂丸藥途中泄三次州巡

檢吳君承恩來診[redacted]吳嘉定人官湖南[redacted]二十年始補

此缺[redacted]年七十矣晃州通判馮毓麟錫芝來見按

初三日乙酉辰正刻行冒雨一統志沅州西一百里

一統志云駐涼傘

应移于前一日按字之下

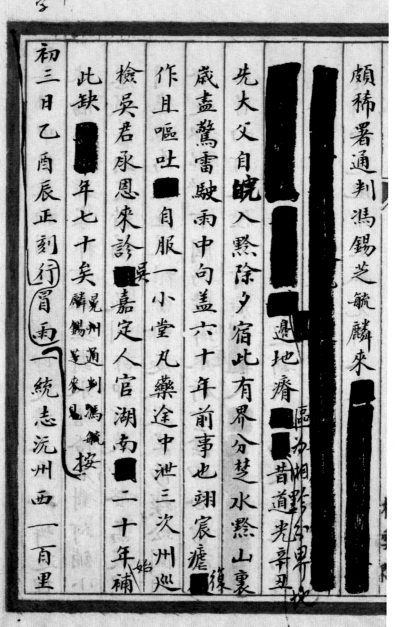

初二日乙酉夜正刻冒雨行按渡㵲水云云

唐置夜郎縣即今廳治所由基明設晃州驛丞屬沅州衛國朝順治初置驛汎駐把總一員隸沅州屬辰州府乾隆元年陞沅州為府附郭芷江縣又于晃州西之涼傘坪添駐通判一員嘉慶二十一年以涼傘通判改為晃州通判直隸廳以晃州巡檢兼管獄督捕撥黔陽訓導一員改設巡檢一員駐涼傘渡㵲水南岸馮通判送於村舍復沿溪行二里蕭家塘三里酒店塘入貴州玉屏縣境十五里大魚塘十里鮎魚塘舊稱鮎魚關午飯翊宸不思

食渴稍止借榻偃息刻許復行略有陀（坡）尚不險峻
雨後泥濘輿夫屢蹶古人蹭蹬之戒彌用懍懍
二十里七星橋十里玉屏縣知縣談貴生仁熙來
[redacted]其尊人嘗官思州知府典史周濂守備和照俱
來[redacted]玉屏故平溪衛在思州府東北三十里地產
簫曰平簫削竹精[redacted]（良）其聲清越先大父黔語嘗及
之[redacted]
○玉[redacted]（屏）道中
山雨乍止山泉肥。谿橋斷處行徑微。野花無數可憐紫。時見兩三黃蜨飛。
初四日丙戌辰初刻行諓大令送於郭外五里三家
橋十五里秋溪塘十里陽平鋪午飯翊宸仍借楄
小眠下利[redacted]不思食[redacted]天將雨趣行二十
五里渡清江清江即濟水土人訛為浪水渡北岸
抵青谿縣竟日在萬山[redacted]雜中盤紆登降無慮數
十[redacted]過溪橋以十數亂石犖确泥滑不受履余輿
夫[redacted]顛蹶者[redacted]行役之苦茲為最[redacted]青谿城半在
山上地甚瘠苦惟產鐵海鹽陳哲夫[redacted]此設局

字蓉生 山東人己丑 是鍾
双行小字

開採[redacted]知縣王蓉生恩綬來（字蓉生山東人由）[redacted]海鹽縣丞選是缺
[redacted]翊宸瘧作如前復嘔吐且下利[redacted]竊（心）憂之
初五日丁亥辰初刻行十里雞鳴關十五里舖田十里草鞵坳十五里蕉溪渡溪入市飯焉土人訛為蕉溪河其實仍灘水也飯罷行十里白家坡十里兩路口五里碗溪洞無徑不曲無曲不陡倏上倏下無慮數十次

大氐[redacted]里內無平坦徑直之途也午後入山轉深
沿溪北岍行其南岍羣峰攢列惟石溪獰惡聲如雷聞
有山田種秫及薯蕷[redacted]者稻田頗稀盤折萬山中日
暮過鎮遠衛踰大橋始入鎮遠府前臨㵲水其三
面皆倚山麓知府曾幼滄前輩宗彥知縣陳慰蒼
同年望霖均來知鎮遠鎮總兵岑有富奉雲貴制
軍奏調帶黔兵赴柳州明日將行其營官洪遊擊
知醫因託招之為翊宸診視方用於朮柴胡翊宸
以瘧已不[redacted]至不必更進柴胡而數日不思食朮

恐益滯胃未之服服歐陽某之方而酌去參朮
余與討論良久時已漏下三鼓矣倦極而卧
初六日戊子天明起視翊宸仍下利辰正刻出西門仍
循瀰水北岸天宇晶爽煙開霧消風日清美為山
行稀有之境行四五里遂登危坡類蜀道雞頭關
官路甚寬廣盤折石磴約五里而强為文德關亦
清鎮塘有迎仙寺五龍泉下關五里白羊塘復上
坡五里為和光塘再上為鎮雄關五里相見坡先
大父道光甲辰入黔新正二日與周雨亭先生遇

於相見坡雨亭先生下輿口占一詩有相思歲歲不相見相見今朝相見坡之句先大父[redacted]衍其意為七言古詩一章記其事（見花宜館集中）五里劉家莊午飯翊宸下利憊甚仍借榻小眠余飯罷先行五里華嚴洞有楞嚴寺洞極幽邃與飛來峯略相似洞内石壁鑱成龍象等形殊失真氣寺為明萬歷間建咸豐乙卯苗[redacted]亂焜焉同治初[redacted]重脩近亦殘破矣石刻題無足觀五里甘溪[redacted]三里七里沖七里登望城坡遥見施秉縣城下坡十五里柳塘坡

[redacted]灘水灘水至此又名鎮陽江江[redacted]流愈狹且險惟小舟上溯至黃平州而上見估船三五舟子七八人踏水石牽百丈而上水且及腹尻高首俯艱苦不可名狀既渡入縣城宿知縣李鳳來滇人翊宸後至下利如故[redacted]舟[redacted]

[redacted]

初七日己丑辰正刻行天色晴朗山半雲氣漸收五里五里河五里草塘關極陡峻十里沿沙塘亦曰寸勾坡十里爛橋塘午飯翊宸仍下利借榻小憩

余先行亟欲訪飛雲巖月潭寺陽明先生碑也五里楊柳塘五里將至飛雲巖群峯乍開峭壁特起古柏夾路黛色參天過聖果橋入寺門問月潭寺則燬於咸豐間苗[redacted]至今未修拾級而上有屋三楹更上為養雲閣[redacted]樓[redacted]曰雲在堂潘中丞霨題有[redacted]珊爾巽瞿子濬[redacted]鴻錫楹帖乙未丙申間瞿為黄平知州[redacted]慕重脩也堂後澄潭一泓瑩澈見底鯈魚無数有石碣題曰雲根泉張光宗戊戌循山麓上數十級有小樓為游客駐息地更上

聲岩前多古樹尤奇
者岩上石撐出處有樹
二生石上交柯接葉雲日
蔽虧久坐其下塵囂頓
遠訪陽明先生碑不可得
[redacted]條斷殘石刻甚夥大率明人
及 國朝人紀游詩無足觀
惟嘉靖間浙西吳維嶽記
一石尚可誦岩下有接引閣
可遠眺還坐雲在堂徘徊
久之乃去一里[redacted]東坡塘五里
小東坡十里十里塘亦作十里橋五里
五里塘下坡抵黃平州跨崗爲
城斗大州耳借州志閱之乃得
讀陽明先生所爲月潭寺公館

數十級至岩下岩高數仞其下削入谽谺深邃其
上則奇石倒懸嵌[redacted]空玲瓏殊狀詭態不能窮之以
詞岩下縱橫數丈可列廣筵中奉觀世音菩薩象
道士言岩左有瀑布今久晴無之泉乳下滴琤瑽有
涵治痢第一方少愈始信余言不以補而以通乃
治痢要法也入夜星月皎然
初八日庚寅辰初刻行半里許即[redacted]陟峻[redacted]坂五里五里
墩五里黃猴塘下坡五里馬埸街五里周硐塘又曰
老木哨十里重安江午飯飯罷沿江北岸行水色深

記志修於嘉慶五年續于道
光十二年體例未善按黃平在
元為府明初置黃平府隸播
州後改設興隆衛萬歷二十八
年設平越軍民府改安撫司為黃
平州與黃平興隆衛俱隸府
國朝因之康熙十一年省黃平
所入州二十六年移黃平州治於興
隆衛並省衛入州嘉慶三年改
隸鎮遠府今治稱新州城而舊
衛城距新城北三十里曰舊州云亦曰老黃平道
[redacted]翼辰服俔
黃平七夕見新月有作
萬疊峯巒斗大城。新秋
霽宇獨澄清。洗車不灑

碧行里許過鐵索橋至江南岸橋南有寺高閣翼
然按圖重安江為清水江源出平越麻哈二州三
水合流上源曰麻哈河東流受劍河水由清平字
羅入黃平州境曰清水江又東受大小丹江為九
股河又東北流折東南受八丹潭溪諸土司水[redacted]
又折東北入湖南黔陽縣境與沅水合舊留苗境
不通舟楫雍正七年總督鄂爾泰巡撫張廣泗平
定苗疆始奏請開濬云上坡一里許為對江塘五
里老君闕二里觀音山十里洛仲塘五里大峯洞

諸天雨桂笏偏逢衆壑晴
南極星辰高可摘西流河
漢聽無聲隨人猶是長
安月照徹離愁夜夜明
[redacted]
右詩擬抄
前一頁星月
皎此之下行
接行另抄

又曰雲溪洞下輿循曲徑行時秋陽甚熾輿中揮
汗比至石壁下驟覺陰寒偪人將至洞口益森竦
不能久留山半有寺爲比邱尼所居[redacted]二
十里抵清平縣有凱里營標兵來迓縣跨山爲城
城褊小知縣熊士清[redacted]典史史澐[redacted]來[redacted]雲階
制軍調赴柳州之鎮遠鎮標兵兩日皆同行至此
始分道由麻哈都勻以達柳州途中屢見標兵大
率精銳氣所攜皆土槍窳敝恐未足制勝數日來
每行三五里山巔必有廢碉當是昔年平苗後所

設
初九日辛卯辰初刻行五里横水塘多下坡路十五
里沙子坳十里楊老驛午飯西距平越州城三十
里天氣奇暖著葛衣一尚揮汗連日老晴為山中
所未有黔[redacted]天無三日晴之説竟似讆言盖論之
本有如今歲自春夏即少雨閏五月得雨今又苦
旱耳飯後出驛即登高坡十里清水塘一里許干
巳哨十里阿里塘十里抵馬場坪宿距平越州二
十五里知州謝君建佐字輔卿自州來四川樂山

人乾初大令族弟也舊時自清平至貴定宿酉陽驛於先大父黔行日記中見之後因清平至酉陽驛遠而酉陽至貴定近乃改馬場為宿站馬場之名未詳緣起楊升庵滇程記云由清平達平越有雞場胡資楊老羊場三郎等五亭又云羊雞之場為諸夷互市處以十二辰相遞歷十二日一市每場歲三十市然則馬場或亦當日市集之一耳翊宸服余方劑亦止 [redacted]

陟陡坡
初十日壬辰辰刻行坡頂有寺三面石壁純作鐵色
[redacted]五里響琴峽崖上大書響琴峽三字款識不可辨溪澄碧[redacted]平流無急湍循
溪西南行折而南過三孔大橋折而東北登峻[redacted]坂
數折[redacted]乃復西南行三里黃花塘十里酉陽驛
綠[redacted]關入所造有下輿小憩即行五里粽巳哨十
二里黃絲驛午飯有酉陽黃絲乾溪谷項四處團
防総局飯後行[redacted]陟峻嶺十里江西坡三里冷溪
塘五里青菜塘三里沙坪五里谷濛關十里巖頭
塘大氏雙厓對束中阻大溪忽從東厓行忽從西

崖行徑路欲絕通以石梁不知其幾旋折也雷聲
自東北來[redacted]雨至俄頃即止下坡地勢漸拓十
里抵貴定縣城亦跨山山不甚峻城內[redacted]東西兩
街廛市土產煙絲爲大宗通省皆取資焉名曰仿
條[redacted]閩人所造有粵閩會館一區知縣王會同景
初來見輔臣水部之弟初選江西東鄉丁艱起復
乃選今缺[redacted]余以輔臣在黑
龍江事詳詢之相與太息不已儀又梁貴王井皆
病瘧北人入南方水土不宜又長途勞苦遂不支耳

十一日癸巳辰初刻行天[redacted]容放晴四山雲[redacted]氣尚滃[redacted]然白也五里馬桑坡十里牟珠洞洞前為寺踞山半寺後為洞深廣半畝中有石觀音象洞中深入可一二里籠燭束炬乃[redacted]得入昔先大父使黔嘗游之[redacted]洞口有貴定知縣大冶朱建勳記游碑云洞舊名母豬[redacted]明邱太僕禾實改名牟珠又[redacted]曰憑虛洞朱嘗與幕客深入見種種奇蹟石鐘石鼓石墖石燈鍾乳之屬皆天成殆非虛言出寺門西崖石上刻聽瀑窩三字蓋谿[redacted]

流懸注從石上數層而下飛花滾雪其聲雷硠有似瀑布實非瀑也五里甕城橋橋五孔跨大谿上過橋有市集甕城塘十三里新安塘飯飯罷行上陡坡五里爲雲頂關八里龍從塘十里麻子塘抵龍里縣城極褊小知縣文端來[redacted]章甫廂白旂人[redacted]少[redacted]隨其尊人來滇操滇音[redacted]庚子歲方田旗守制其家殉難者十一人自携一僕幸免

十二日甲午辰初刻行微陰欲雨山[redacted]人出城數里上坡十二里觀音山有西路練軍屯山上舉礮

以迓十八里谷脚午飯飯罷行天復老晴五里登
龍洞坡千子卞五里黃泥堡風驟作[redacted]急著棉衣五
里圖雲關十里抵貴州省城過大橋橋跨南明河
[redacted]望見扶風相寶諸[redacted]山至南關外署中丞曹竹銘前
輩以下皆遣人以東來迓入南門[redacted]行館[redacted]内弟
花兆罳及其子瑞東俱來作札致趙芝珊學使借
讀電[redacted]翰　諭旨知陝西江南山西三省考官芝珊
以蜜楂一器見餉居然京師風味也瑞東為電致
南昌報平安

十三日乙未辰正刻行天微陰可[redacted]棉衣出北門至新城又折而西出西門貴陽郭外諸山皆平遠蒼秀不似龍里以東之巉巖奇詭五里五里橋十里湯粑嶺五里龍場午飯舊時誤以此為陽明先生遷謫之地其實非也陽明謫龍場丞在今脩文縣境方輿紀要云有龍岡在府北五十五里龍場驛側今龍場已[redacted]無驛[redacted]而地在府城西三十五里不知龍場即前明置驛地也午飯罷行三里蒿枝塘入清鎮縣界自此以西地多平曠田疇較多[redacted]澗饒竹木

十二里黑泥塘十里[redacted]清鎮縣宿微雨即止知縣
陳价來姓圃以滇人[redacted]不見夜有雨
十四日丙申辰初刻行天陰薄寒六里逖澄塘[redacted]塘
汎木坊書作滴澄頗疑滴字之誤[redacted]郡國
利病書有逖澄西抳語乃知滴為逖之音譌也風
雨作至涼若深秋十二里茶花塘十二里蘆荻塘
飯俗稱樓梯哨樓梯蘆荻亦音近而譌雨止稍暖
飯後即行十里鴉旦鋪入安順府安平縣[redacted]境八
里界水塘三里五馬塘七里安平縣宿自清鎮以

西山勢皆平間有登陟亦寬廣無險途山家貧苦不成村落稍多林木果蓏之屬入安平境有熟苗結屋而居者十餘戶縣東北多平疇西南則峯巒羅列矣城內方值市集之期趕集者塞途苗人男婦負擔入市者頗衆知縣寸開泰[redacted]來亦[redacted]滇人謝不見入夜復雨

○石板房地名

十十五五見村舍○剖斵雲根代屋瓦○窮山石賤不論錢○絶勝茅龍換衣者○雨洗皚皚淨如玉○更無一

寸苕花綠。秋風秋雨[redacted]閑門。[redacted]屋漏痕。
十五日丁酉辰刻行雲氣匼帀霧雨冥濛十二里沙
作塘十八里飯籠鋪又里許石板房午飯地為安
順府普定縣境山家以石板蓋屋代瓦比戶皆然
因即以名其地云飯罷行十三里中伙塘十五里
舊中汎亦曰二鋪十五里羅德塘亦曰頭鋪竟日
坦途山勢開拓中多田疇高者種秫下者稻間植
蕎麥花雜紅白豆畦蔬圃差有生氣將近府城岡
巒四合而峯峯離立罕聯屬者亦一奇也十五抵

近日已費也
仍改作大字
接於駐此
之下

安順府東郭外署知府楊兆麟普定知縣鄒炳文均來迓入東門下坡俯視萬瓦鱗次廛市整齊蓋安順當苗[redacted]亂時城守獨完未經兵燹故稱完善借試院宿大堂有啓秀堂額又楹帖一雪漁[redacted]按試時所題也郡為滇黔襟喉重地提督駐此近日標兵裁減於汰弱留强未能認真簡練亦絀于經費也

十六日戊戌辰正刻行微雨凉甚道途坦夷十二里楊家塘十八里[redacted]腰鋪飯地極荒落飯罷行天霽半里許馬場鋪十里大山哨二十里抵鎮甯州[redacted]

宿知州劉廷福（祿臣）來見此州物產以鷃粟為最利
數倍於稻田官[redacted]（權）土稅多於錢糧而民間吸食者
皆亦十人而八（七）吁可悲也
十七日己亥辰正刻行大霧十步外不辨路寒甚山
徑犖确[redacted]登[redacted]（一里中無毫所有）降怪石林立不着寸土先大父自
鎮甯至坡貢詩云真山如假山累石百千萬荒荒
不戴土生氣天所靳是也八里竹陰哨十里安東
哨七里白沙河五里[redacted]（經）五孔大橋跨（橋）溪上溪水自
北來由高處層層懸注雪浪奔騰過橋折而南上

坡抵黄果樹飯鎮甯各鄉分十七枝自安東啨以
西皆屬郎峒枝疑此尚是昔日苗峒故名也飯罷
行循溪而上流諸水下注深磵飛瀑數道有若雪
練[redacted]山路益崎嶇難行每上下數里許悉
斗絕[redacted]所經無好村落四十里
抵坡貢宿永甯州境南距州城六十里州有紅崖
山山上磨崖字昔刋先大父黔語雙鉤摹之在蜀
贈劉幼丹前輩為詮釋[redacted]定為殷高宗伐鬼
方時所刻攷證[redacted]鄒[redacted]續莫子偲兩家[redacted]

昨感風熱咽喉微痛且渴以茉蔯纓煮湯合普洱
茶飲之頗爽人意行館與市隔四面皆山幸天晚
晴[redacted]山氣清朗無嵐瘴矣
十八日庚子辰初刻行晴旭照山神為之王數里即上
峻嶺循山麓數十盤折乃躋山巔為鳳凰關二十
里張家灣飯舊時尖站距此十里後行館梶知州涂
君構新屋於此地非村鎮自行臺屋數間外四無
民居飯罷行下坡數里復上坡弥轉弥高昨日望
見諸山若植笏若揷劍若鋸齒若列屏障者俯視

雨香啓堂の字
小字作注

皆在[redacted]其下彌望無尺寸平地山頂為石龍關自張家灣二十里為安樂舖又二十三里抵郎岱廳同知慶恩[redacted]（雨香）副將吳永超[redacted]（啓堂）都司戴連陞守備汪超龍皆來迓入東門穿城出西門至行館宿距城半里許屋後皆山幸晴暖不似前數日之陰[redacted]溼也連日道中見苗民苗婦甚衆蓋仲家玀玀紅苗黑苗皆雜居不能辨其種族自同治初擾亂草薙禽獮存者十二三[redacted]近歲尚安靜無事自辰沅以西入黔境行一千二百餘里大都土瘠民貧

山多田少尤可悲[redacted]鬻粟徧地且種且吸食村氓男婦面有烟色者十人而七[redacted]黔之貧[redacted]弱甲[redacted]天下日復一日益將不支昔人稱黔為寄生盖仰給於各省久矣咸同之間屢更兵火近三十年休養生息[redacted]通省歲入最少歲出需一百萬兩[redacted]前協餉如江浙等省久已停解僅恃川省鹽課得四十八萬[redacted]錢糧十萬釐金土稅三十萬每歲兩絀十萬而此次賠款派三十萬尚無所

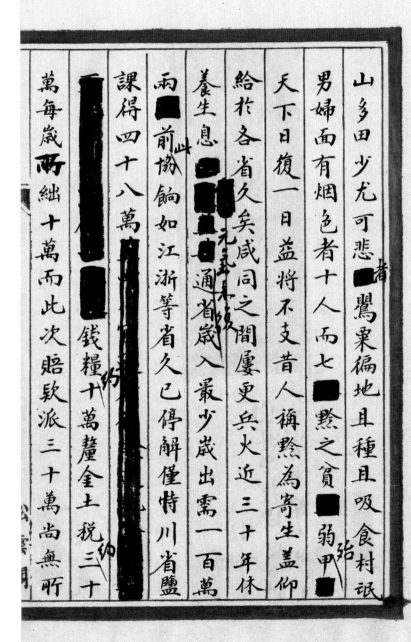

出諸山所產煤鐵開採無術轉運尤艱[redacted]前代為羈縻之州他日將為甌脫之地哀哉黔民其長此鳩鵠耶

十九日辛丑辰初刻行一里許危磴千尺盤折而上雲氣歙欲萬峯刺天直上十里為大鐵關石色積鐵雨壓如門有提標右營戍兵八人舉礮以迓關故險隘地也更上五里小有村集下坡斗絶如臨深淵十五里半坡塘飯飯罷行直下十五里復上坡為拉邦坡危峻遜于大鐵關而仄險[redacted]兩

厓中一線石路為山水衝刷成溝滑不受趾十五里毛口河蓋即南盤江上從雲南霑益州來曲折東流下入粵西為西江者也河東岸為毛口場方值趕場民咸集河流黃濁湍急到此覺蒸鬱先大父詩云高嶺生夏寒裘破尚可衣如何毛口渡波浪熱如沸過貴陽時兆禺亦言貴陽以西山中甚寒獨毛口渡必熱其言果信渡舟三五皆破漏[redacted]渡[redacted]復上坡十五里阿都田宿地屬安南縣石君作楝號鄭卿丙戌同年遣人置頓于此[redacted]

自大鐵關至拉邦坡作

東[redacted]巖升朝曦西頹暗宿霧白雲盪其中嵐翠萬重護迤邐陟峻阪危磴百盤互徑折蛇身蟠屈出虎牙鋸我行已山椒僕馬尚窘步前輿若後迎後騎苦前拒雙崖作鏁鑰鐵壁兩撐拄真宜[redacted]一夫當疑合[redacted]六州鑄飆卒不滿十時平尚留戍絕頂展遐矚萬態畢呈露陽厓午景匿陰壑冷煙沍石質孕真卝林響發猛虡或容老猨躋那許飛鳥度羣峯萬凹凸拱揖似相顧遂疑六合外無復夷坦路俯瞰北

極下中原渺何處稍稍闢畦畛歷歷辨草樹計里
鼓聲絕聒耳一谿怒下阪勢何疾目眩心駴怖磴
斷中成溝山泉駛而注世涂歷百險到此轉危懼
王程迫馳驅疲馬不得住奇境天所酬升高孰能賦
詩腸[redacted]窮雕鎪山靈倘余助
二十日壬寅辰初刻行晴暖如昨日下坡十五里復
上坡五里茶店塘山徑[redacted]嶔嵜群峯崱屴十里花貢
飯為普安廳插花地而距廳城一百二十里向來
過客廚傳仍歸安南縣[redacted]丞辦飯罷行遂陟危[redacted]阪

直上十里數十盤折奇險處過於秦棧十餘人挽一輿皆揮汗如雨遥望將至山頂矣比折而上則層巒疊嶂忽復遮蔽馬前草樹蒙翳聞前輿邪許聲不復見人回視來時羊腸一綫真不啻九天九地矣更上數十折為老鷹崖[redacted]一峯突崎若鷹搏人其下為小鷹崖奇石林立猙獰險恠不可名狀下坡十里始稍坦夷復上二小坡五里許抵白沙寨宿亦普安廳揷花地距普安縣城六十里仍歸普安縣支應夫馬借地置驛有把総一

員駐此知縣儲先登字雲階湖南人乙酉舉人遣人置頓于
此行館敝陋四圍皆山夜聞蛩聲四起令人無寐
毛口渡
言循毛口渡。揮汗榜人呼。炎瘴波濤惡。蠻鄉氣候
殊。久勞成習慣。回望駭崎嶇。藥裹頻頻檢。惟憐我
僕痡。
二十一日癸卯辰初刻行[redacted]入山石壁峽
四合朝陽不溫上下坡陀不甚險峻而山徑為水
衝壞高下凹凸中或成溝輿夫顛蹶者二人山之

此詩抄在老鷹崖前

花貢

但知花貢路莫問竹王祠石怒爭羣贊林空叫餓鴟背籠苗女健腰箭戍兵疲日暮投裝倦蕭寒酒一卮

絶頂有廢碉一二十里鑵子窯飯亦普安廳揷花地而[redacted]供張仍屬普安縣飯罷行上坡下坡者數次山勢稍展[redacted]中多田疇山下林木蓊翳間有巨竹山花灼灼迎人吐豔地多產煤所見開出者多煤末少成塊者二十里[redacted]上寨驛宿有千總駐此所率標兵較多驛距普安廳十里此程里數最少可得半日休憩余累日感風作欬今欬少差而耳鳴復作[redacted]劇矣

## 老鷹崖

一上危崖百折盤蒼鷹側翅向人看雄姿笑爾鑾
方老知否乘風大漠寬
○下老鷹崖抵白沙驛
箐霧林煙氣欝蟠山深七月怯衣單毒泉瀉碧蛟
涎吐恠石雕青虎迹攢不信風雲通絶徼欲捫星
斗望長安南天萬里無[redacted]險到此休歌蜀道難
二十二日甲辰辰初刻行晴暖如前山路[redacted]廣間有
頡陟處[redacted][redacted]下阪磴道為水所齧犖埼嶇
不能揷足八里馬鞍山七里庚戌橋橋跨盤江雍

正七年鄂文端公平苗時其年庚戌因以名[redacted]橋今人不復知有庚戌之名以橋南有南鯨坡遂訛為南鯨橋復誤作南京亦可哂[redacted]上南鯨坡沿江折旋稍高峻三里茶廳十二里楊松午飯飯罷行登頓如前二十里過大石橋其下為拖場河過橋上坡為拖場有抽釐分卡一按作拖長江方輿紀要拖長江在普安縣東七十里源出沙陀石崖中下流入盤江即此水也十里[redacted]劉官屯宿距普安廳城八里有把總一員駐此署普安廳李□□遣

以字双行小注在庚戌橋題目之下

人置頓于此[redacted]巴縣宋廷棟來謁余科試所取士今以微官來黔候補以省城無差委乃隨李君來普安為司書記亦貧宦之可憫者

上寨驛

千山萬壑變陰晴前路昆明尚幾程行到秋山春轉好野花如繡不知名

庚戌橋跨橋

盤江上游雍正七年相國鄂文端征苗時建橋遂以庚戌名

上游襟要一江通猶紀平苗故相功盡闢榛菅歸
版籍早馴魖紒被華風石梁濺雪残碑仆箐路盤
雲磴疊空邊郡于今敉彫極了遺兵火話咸同
二十三日乙巳黎明起雨甚辰正刻行山路漸平間
有坡陀[redacted]泥滑不受屐又山徑為水[redacted]崎嶇甚
於石磴諸山雲氣[redacted]涼襲衣袂十八里雨頭河
十二里新開驛五里海子鋪飯晴[redacted]乍[redacted]旋復霧
雨[redacted]飯罷行十里巴板坳十里大石堡十五里
亦資孔宿省城派巡捕二人來迓[redacted]

冒雨行山中自劉官屯至亦資孔

驛、山風多雨、俗諺久盈耳、我游逢老晴、陟險意轉適、
晨行眺前峯、神龍不見尾、峯峯吐蒲白、巖樹失蒼
紫、褰帷衝松風、凍雨集如矢、迎距石左右、出入雲表
裏、塗泥滑如膏、失足懼顛趾、十夫挽一輿、喘汗近百里、
暮投山下驛、板屋蓬蒿翳、荒荒亦資孔、問名失緣起、
升庵記滇程、亭堠具原委、是惟滇黔交、襟喉昔所
倚、傳聞尉勞苦、野蔌膝甘旨、嗟哉行役人、勞形不
知止、窮山傳節者、忍饑勝方美、

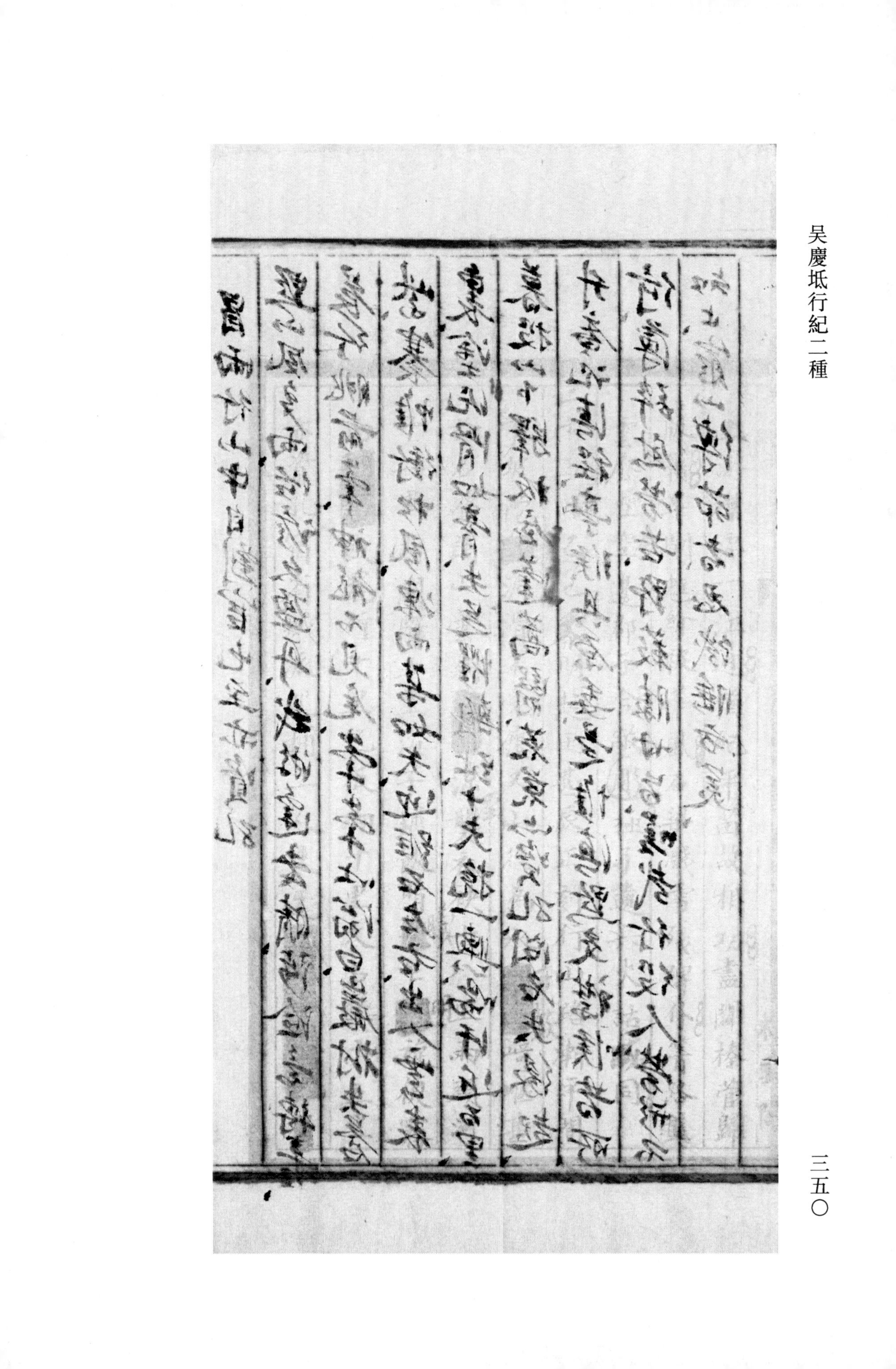

此诗脱句甚多宜檢原稿補入

[redacted]正副考官各一人一周孫忠四川合江人一龔履奎浙江東陽人[redacted]亦資孔地名甚奇楊升菴滇程記已有之則其名舊矣驛丞守備各一員駐此向晚雨止[redacted]各呈雲南科場條約及供給章程册

冒雨行山中自劉官屯至亦資孔

黔山夙多雨俗諺久盈耳我來日日晴陟險意轉喜蒸晨靄銜沈陰暴行睒前峯神龍不見尾峯峯吐滃白叢樹失蒼紫[redacted]

寨帷衛松風凍雨集如矢

[redacted]迎距石左右出入雲表裏塗泥滑如膏失足懼

顛趾。十夫挽一輿。喘汗近百里。暮投山下驛。荒荒亦資孔。問名失緣起。升菴記滇程。亭堠具原委。是惟滇黔交。襟喉昔所倚。薄酥慰勞苦。野蔌勝甘旨。嗟哉行役人。勞形不知止。窮山縛[redacted]者。忍飢睡方美。

二十四日丙午晴。辰初刻行。自亦資孔以西。土山漸多。[redacted]数峯巉岩。[redacted]土戴石。雨後泥滑。輿夫窘步。二十里平夷所。入滇境。有貴州[redacted]設土稅局在山巔。小有市集。滇黔孔道。商旅所必經也。五里勝境關。有石城一。上坡有木坊一。題[redacted]滇南勝境[redacted]

[redacted]平彝縣團勇舉礮以迓午飯後行微雨即止十
三里豫順關二里入平彝縣城宿縣故爲平夷衛
滇程記云自貴州普安州亦資孔驛七十里而達
平夷自此西望山平川豁因以爲名 國朝康熙
間始改衛設縣屬曲靖府爲入滇第一程云
二十五日丁未辰正刻行天氣晴明[redacted]殊快人意
山多平遠土色純赤樹藝之廣勝於黔境縣西三里羊
有清溪洞聞洞內多石筍問土人無知者二里[redacted]
尾哨五里普濟橋十里崔家灣飯飯罷行十里棠

梨灣十里煙墩哨十里白水驛宿曲靖府南甯縣
境知縣魏鴻壽遣人置頓于此行館湫隘平時即為
逆旅雜飼牛豕中庭積穢惡臭[redacted]不可耐薄暮雷
雨交作稍稍盪滌屋漏淋浪移牀就寢幸雨即止
二十六日戊申辰正刻冒雨行五里海家哨塘雨漸
止泥滑難行所經多土山而亂石著土[redacted]如布棊
子人行其中左右枝梧時慮撞觸五里分水嶺迤
邐下嶺八里霑益大塘七里海子舖飯飯罷行雨
止途稍坦夷十五里[redacted]霑益州知州周儒彬字雅

三字改小注

章與學正典史把總皆來迓州城跨山麈市蕭索
向晚西風甚厲重棉不溫山中氣候變幻無定[redacted]
如此

書感

孤軍昔日指南州止殺培元實老謀志棄襃譏多
曲筆邊隅貿弱苦紆籌薦賢終奏犂庭績感國今
深唇火憂[redacted]麈劫昆明凡幾換茫茫池水漢時秋
二十七日己酉辰正刻行天陰涼甚所行多坦途四
圍山色漸遠望東南一帶尤平曠蓋自辰沅以來

久不見此氣象矣三里龍華塘五里新橋五里石板關十七里三叉路飯三叉路名亦見升菴滇程記飯罷行十二里茶廳八里響水塘半日行土山忽登一坡[redacted]純[redacted]巨石鑿石成路約[redacted]二里許十里大山哨十里馬龍州宿知州吴君齊鴻歸安人是日得閣電鈔六月二十五日　諭周馥奏山東利津縣甯海莊地方河水暴漲風雨交作漫溢[redacted]成口寬約三十丈在工各員弁分別懲處周馥交部議處七月初三日　諭順天考官徐郙葛寶華溥良熙瑛同考

官王廷鉞于疏枚傅增湘謝緒璠趙東階雲祥張
鴻翊萬本端[redacted]鄧邦述江忠伊許鄧起樞陳
培錕黃大壎周維藩張鳴珂黃昌年杜本崇又[redacted]○
諭湖北遵
撫端方電奏湖北官學堂學生王璟芳游學日本
效忠守正請破格獎勵王璟芳着加恩賞給舉人
准其一體會試以示獎勵初七日　諭山東撫周
馥奏山東閏五月二十日以後連日大雨各河同
時盛漲東平縣費縣平陰縣東阿陽穀等縣滿被
水災冲塌房屋並有淹斃人口又福山縣煙臺一

帶六月初三日大雨山水下注海潮陡漲沖倒民
房三千餘間淹斃人口一百五十餘口着該撫迅
即查明災區分别賑撫初八日　諭山東考官鄒
曾炘吴懷清初九日　諭崑岡准開缺加恩賞食
全俸又江蘇補用道鄭孝胥以四品京堂候補督
辦廣西邊防事務准其專摺奏事山東河患無歲
無之而煙臺巨災實為奇變百川沸騰雅詩所歎
海水涌溢前史必書民罹其災天示之警吁可畏
也蘇龕防邊至為艱鉅殆由雲階制府疏請故有

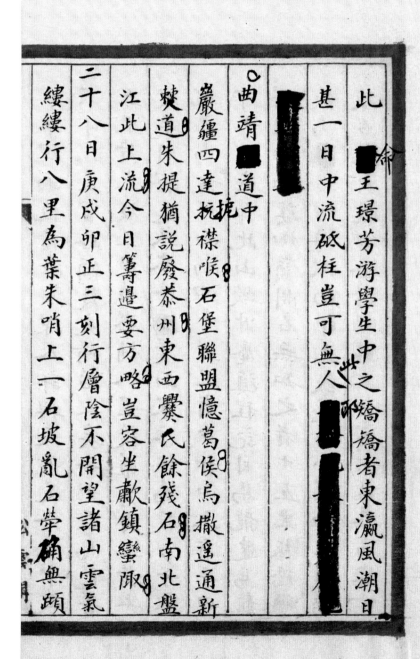

此[redacted]王璟芳游學生中之矯矯者東瀛風潮日
甚一日中流砥柱豈可無人[redacted]

曲靖[redacted]道中
巖疆四達扼襟喉石堡聯盟憶葛侯烏撒遥通新
僰道朱提猶說廢恭州東西爨氏餘殘石南北盤
江此上流今日籌邊要方略豈容坐歗鎮蠻陬
二十八日庚戌卯正三刻行層陰不開望諸山雲氣
縷縷行八里為葉朱哨上一石坡亂石犖确無蹊

步平坦雨後積潦淖深尺許輿夫失足入泥中幾不可拔蓋官路傾斁失脩治久矣二十里烏龍箐五里黃土坡五里白塔舖八里梭羅塘自上黃土坡平岡演迤林木蓊[redacted]漫山塞谷松為最多方輿紀要馬龍州西南四十五里有中和山上有平田可十頃或即此山歟升庵滇程記自馬龍達易龍驛經魯伽婆伽嶺問名無知之者十五里板橋舖飯為[redacted]甸州境微雨即止飯罷行八里兩江哨淖深石亂或避官路行田塍上下廣不盈尺劣容一

足而已十里登關嶺兩山對峙皆頑石石色斑駁青紫相雜中闢為路盤折十數次乃達山頂滇程記自板橋過古城堡小關索嶺即此十里[redacted]易龍驛尋甸州知州晏瑞榕祥生來送驛舊為易龍堡名勝志亦曰木密關今作易隆者誤也

二十九日辛亥辰初刻行陰翳如昨路極坦夷望西南尤曠蕩所經行處漸多村落山麓人家櫛比曉煙四起十里雙橋五里牌樓哨五里新街一水自西南來[redacted]濁流急按圖當是牛欄江問土人但訝

為新街河沿江南岍行十五里河口飯即牛欄江口也地屬嵩明州知州吳汝昭來逆飯罷行晴曦照人重棉可卸十里老河街屋宇多峻整有清真寺蓋回民聚族所居半里許為白龍橋廛市稠密方值場期趁墟者塞途過橋登高坡望見嵩明海子按圖為嘉利澤方輿紀要嘉利澤在州東南十五里周百餘里水可以溉魚可以食即楊林澤或謂之楊林海子又或謂之羅婆澤云今土人訏為嵩明海子海東南有大鼎山山有海潮寺舊極輪

奐今半積廢浴海行[redacted]望隅[redacted]即嵩明州城時方
水落葑草彌望白蘋作花楚楚[redacted]愛其水稍闊處
天光雲影煙波渺瀰令人觸江湖之思濱海稻田
多腴美行數里石壁斗起高數十丈石色青赭不
著寸草循[redacted]壁行有一石[redacted]垂如象鼻俗訝為象
鼻山約里許石壁乃盡由白龍橋行十里為土主
塘十里[redacted]楊林驛宿驛在嵩明州西南二十五里
方輿紀要有楊林城在州東南三十里元以前為
蠻族所居元初始立羊林千戶所至元中改楊林

縣屬嵩盟州明初因之成化中省今不能指其地

矣吳刺史來雖同鄉人亦以迴避辭不見嵩明州自宋時為段氏所據改唐代長城郡為嵩盟郡元代或改長州或升府或改州皆仍舊名明成化中始改嵩盟為嵩明云天下郡國利病書則云尋甸府明初為仁德府知府以高明馬龍二州為美歸厚二縣屬馬沿至安氏相繼煽亂乃改高明為嵩明與方輿紀要異舊志云州有諸葛武侯與夷人歃盟臺嵩盟之名本此則語近傅會矣遣龔巡捕明日先回省城

八月朔壬子辰初刻行微陰不雨八里者察塘八里長林塘小雨旋止八里大哨塘二里長坡飯入昆明縣境飯罷行[redacted]五里黑水塘天氣晴暖

所經村落稍多十五里大覺寺舊為精藍今荒落無可游覽平原演迤遥峀明靚望見滇池水光接天十里抵板橋驛宿

初二日癸丑辰正刻行細雨浥塵旋即開霽十里棠梨坡不甚高峻下坡經銅牛亭亭南有豐樂寺過金馬山十五里迎恩塘有迎恩寺小憩啜茗易輿以行南關外廛市稠密民多樓居五里入[redacted]麗正門經得勝奏功二橋金馬碧雞二坊折而西[redacted]五華書院入皇華館在五華山右門外平崐俗

稱萊海舊時詩曰柳營蓋沐平西别業也行役八十日始得少休重念先人宦轍三至清名在耳今奉使萬里追撫前塵尤不能無兢兢矣

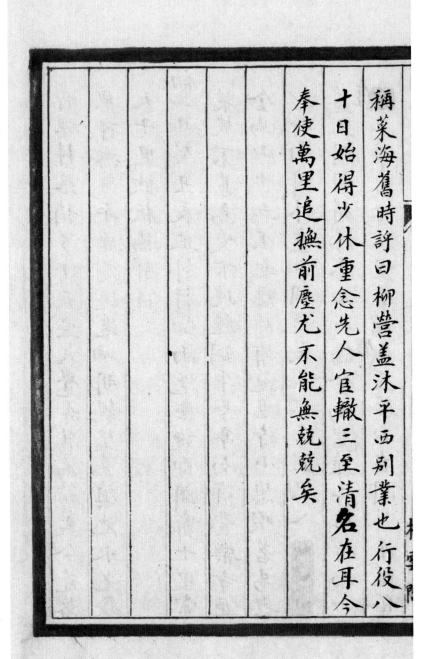